Bolschewismus oder Sozialdemokratie?

~

OTTO BAUER

Otto Bauer · Ausgewählte Schriften · Band 3

HERAUSGEGEBEN VON THOMAS GIMESI

© THOMAS GIMESI · 2017

ISBN 978-3-9504454-2-8 · PAPERBACK

Bibliografische Informationen dieser Publikation verzeichnet die
Österreichische Nationalbibliothek unter www.onb.ac.at

Informationen zum Projekt und zu weiteren Publikationen
finden Sie unter www.ottobauer.works

ZUGRUNDELIEGENDES ORIGINAL: Bauer, Otto. *Bolschewismus oder Sozialdemokratie?*
Verlag der Wiener Volksbuchhandlung, Wien 1920.
UMSCHLAGGESTALTUNG & SATZ: Thomas Gimesi
UMSCHLAGGRAFIK: iStockphoto.com

Inhaltsverzeichnis

~

Vorwort des Herausgebers

~

NACH EINEM JAHRZEHNT der Illegalität, der politischen Verfolgung und des Krieges trafen am 14. April 1945 im Roten Salon des Wiener Rathauses die Vertreter der Sozialdemokraten und der Revolutionären Sozialisten zusammen, um die Sozialistische Partei Österreichs (SPÖ) zu gründen. Das Parteiprogramm des Jahres 1926 wurde wieder in Kraft gesetzt und der Klassenkampf erneut beschworen: Enteignungen der „Kapitalistenklasse" waren genauso vorgesehen wie die Verstaatlichung der Produktionsmittel, und eine Koalition mit den bürgerlichen Parteien sollte nur von vorübergehender Natur sein.

Doch im Laufe der folgenden Jahrzehnte änderten sich, von weltpolitischen Ereignissen und nicht zuletzt von der de facto in Stein gemeißelten Koalition mit dem bürgerlich-konservativen Lager beeinflusst, die Rhetorik sowie die Prioritäten der Sozialdemokratie. Zwar folgte die Wirtschaftspolitik noch bis in die 1970er Jahre der Vorgabe, die Industrie in öffentlicher Hand zu halten und die Verstaatlichung voranzutreiben, jedoch nahm der Einfluss „linker" Positionen stetig ab — und dies nicht nur in ökonomischen Fragen. Während unter Bruno Kreisky gesellschaftspolitische Maßnahmen wie beispielsweise eine Bildungsoffensive oder die Legalisierung von Abtreibung als eindeutige Merkmale sozialdemokratischer Politik aufscheinen, rückte die SPÖ seit Mitte der 1980er Jahre kontinuierlich nach rechts. So wurden beispielsweise die Verstaatlichungen gestoppt, der Einfluss der öffentlichen Hand auf die Wirtschaft zurückgefahren und Privatisierungen von Staatsbetrieben abgewickelt — mit teilweise fragwürdigem Erfolg und bisweilen auch juristischem Nachspiel. Man näherte sich der Europäischen Union, der man aufgrund der Neutralität Österreichs bislang skeptisch gegenüberstand, und stimmte, durch das Erstarken des rechten Lagers unter Jörg Haiders Freiheitlicher Partei Österreichs (FPÖ) in die Defensive gedrängt, ebenfalls für eine „Law & Order"-Politik, die in schärferem Fremden- und Asylrecht ihren Niederschlag fand. Selbst der Name der Partei blieb nicht verschont — das „sozialistisch" wurde nach dem Zusammenbruch des Ostblocks in „sozialdemokratisch" umbenannt.

Sogar die Vereinbarkeit von Sozialdemokratie und Kapitalismus schien kein Widerspruch mehr zu sein, als Viktor Klima Ende der 1990er Jahre, wie zuvor Gerhard Schröder in Deutschland und Tony Blair in Großbritannien, einen politischen Pfad einschlug, der danach trachtete, eine rechte Wirtschaftspolitik mit einer linken Sozialpolitik zu vereinen. Selbst der Sprachgebrauch hatte sich dem wirtschaftsliberalen Diskurs angepasst, als Alfred Gusenbauer am Anfang des neuen Jahrtausends eine „solidarische Hochleistungsgesellschaft" propagierte.

Ein derart dialektisches Verhältnis der SPÖ, zwischen historisch-ideologischem Pathos inklusive kämpferischer Rhetorik einerseits und pragmatischer Realpolitik andererseits, ist rückblickend betrachtet jedoch kein neues Phänomen. Dies hatte sich bereits seit den ersten Erfolgen der österreichischen reformistischen Linken abgezeichnet. Verglichen mit anderen zeitgenössischen Sozialisten waren die Austromarxisten des frühen 20. Jahrhunderts Meister darin, Gegensätze zu synthetisieren: sie blieben stets fest in jener gesellschaftlichen Wirklichkeit verankert, welche sie in ihren Schriften und Ansprachen emphatisch bekämpften.

Die Bilanz jener Zeit fällt eindeutig aus: mehr als 70.000 ehrenamtlich tätige FunktionärInnen kümmerten sich um die Belange der 700.000 Parteimitglieder, 90 Prozent der Vertrauensleute in den Betrieben bekannten sich zur Sozialdemokratie, unzählige Vereine und Verbandsorganisationen bildeten ein geschlossenes System, das die Arbeiterbewegung politisch, wirtschaftlich und kulturell umfasste — von der sprichwörtlichen Wiege (den Kinderbetreuungsstätten der „Kinderfreunde") bis zur Bahre (zum parteinahen Beerdigungsverein „die Flamme"), von verschiedenen Arbeiter-Sportvereinen (deren Dachverband im Jahre 1910 nicht weniger als 70.000 Mitglieder zählte) bis zum kommunalen Wohnbau des „Roten Wien" mit seinen Gemeindebauten, Krankenhäusern und Freibädern. Trotz des Niedergangs des Austromarxismus, der sich bereits seit dem Ende der „österreichischen Revolution", welche dem Ersten Weltkrieg gefolgt war, abzeichnete und im Jahre 1934 mit der Niederschlagung des Aufstands besiegelt wurde, der gegen die Etablierung eines faschistischen Regimes in Österreich gerichtet war, bestehen die Errungenschaften von damals auch heute noch, gut ein Jahrhundert später. Dies gilt auch für viele Konfliktlinien mit den Konservativen, wie etwa in der Bildungspolitik.

Unzweifelhaft hatte das Denken Otto Bauers den Austromarxismus geprägt. Seine Schriften gestatten nicht nur einen Einblick in die Geisteswelt ihres Autors, sondern spiegeln auch das Bild einer Epoche wider, welches von Erfolgen der Arbeiterbewegung, jedoch auch von Fall, Verfall und Zerfall gekennzeichnet, und wohl auch auf tragische Weise, gleichsam einem schlechten Omen, symbolisch im Wappen der Sozialdemokratischen Arbeiterpartei (SDAP) — drei nach links unten weisende Pfeile — verewigt ist: dem Aufstieg der Sozialdemokratie unter den Vorzeichen einer dem Untergang geweihten Monarchie; einer dem Austromarxismus spezifischen Form von Nationalitätenpolitik; den Erfolgen der Arbeiterbewegung hinsichtlich Lohnerhöhungen, Arbeitszeitverkürzung, Gesundheitsversorgung, Arbeitslosenversicherung, Bildung und politischer Partizipation; der „gebremsten Revolution" von 1918/19 und dem folgenden Dasein als Oppositionspartei; dem Hunger und Elend der Nachkriegszeit; den Restriktionen der Siegermächte; den Auswirkungen der Weltwirtschaftskrise; der Bewaffnung der Arbeiterschaft; dem Aufstieg des Faschismus und des Bolschewismus; der Niederlage im Bürgerkrieg des Jahres 1934 und dem folgenden Verbot der Partei; der Machtübernahme der Nationalsozialisten — um nur einige Themen zu nennen.

Otto Bauer selbst scheint, als Personifikation der österreichischen Arbeiterbewegung, geradezu schicksalshaft mit deren Geschichte und jähem Ende verknüpft zu sein.

* * *

Otto Bauer erblickte am 5. September 1881 als Sohn von Philipp, einem erfolgreichen jüdischen Textilfabrikanten, und Katharina Bauer, geb. Gerber, in Wien das Licht der Welt. Wenngleich natürlich keine Gewißheit darüber herrscht, ob seine Streifzüge als Kind in der väterlichen Fabrik dazu beigetragen haben, sein Interesse schon früh für kapitalistische Produktionsprozesse sowie die Lebensbedingungen der Arbeiterschaft zu wecken, so ist der Gedanke verlockend, dass gerade durch jene Erfahrungen die Ideen des Sozialismus eine verstärkte Anziehungskraft auf ihn ausgeübt haben. Bereits als Jugendlicher hatte sich Bauer derart in die Schriften Marx' vertieft und war davon mit Begeisterung beseelt, dass er im Freundeskreis Vorträge hielt und im Alter von 19 Jahren schließlich Mitglied der Sozialdemokratischen Arbeiterpartei (SDAP) wurde. Nach kurzem Militärdienst in einem Infanterieregiment immatrikulierte Otto Bauer im Jahre 1903 an der Universität Wien und begann Nationalökonomie, Geschichte, Soziologie, Philosophie, Sprachen und — auf Wunsch seines Vaters — Rechtswissenschaften zu studieren, wobei er letzteres im Jahre 1906 mit Doktorwürden abschloss.

Seine intensiven Studien hinderten ihn jedoch nicht daran, sich politisch zu engagieren. Während seiner Studienzeit trat Bauer der „Freien Vereinigung sozialistischer Studenten" und dem „Sozialwissenschaftlichen Bildungsverein" bei, wo er die Bekanntschaft mit Persönlichkeiten schloss, die noch eine große Rolle in der Geschichte der österreichischen Sozialdemokratie spielen sollten: Karl Renner, Max Adler, Friedrich Adler und Rudolf Hilferding, mit denen er gemeinsam den Verein „Zukunft", eine Schule für Arbeiter, gründete. Auch seine publizistische Tätigkeit gewann in dieser Zeit an Schwung, als Karl Kautsky — vom jungen Otto Bauer wegen einer möglichen Veröffentlichung eines Artikels kontaktiert — ihn im Jahre 1904 zur Mitarbeit in der „Neuen Zeit", der wichtigsten Theoriezeitschrift der deutschen Sozialdemokratie, gewinnen konnte. In der Folge erschienen dort mehrere Texte Bauers, in denen er sich mit unterschiedlichsten

Themen wie etwa dem Verhältnis von Marxismus und Ethik oder dem Imperialismus auseinandersetzte. Im Jahre 1907, im Alter von nur 26 Jahren, wurde Bauers erstes großes Werk veröffentlicht, dessen kontroverse Thesen ihn schlagartig berühmt machten: „Die Nationalitätenfrage und die Sozialdemokratie".

Auch in politischer Hinsicht erwies sich das Jahr 1907 als äußerst erfolgreich. Als die österreichische Sozialdemokratie zweitstärkste Fraktion nach den Christlichsozialen aus den Wahlen hervorging und mit 87 von 516 Mandaten in den Reichstag einzog, erhielt Bauer von Victor Adler den Auftrag, das Klubsekretariat aufzubauen und wurde mit dessen Führung betraut. Des Weiteren trat er der Redaktion der „Arbeiter-Zeitung" bei und gründete gemeinsam mit Karl Renner und Adolf Braun die Monatsschrift „Der Kampf", dessen redaktionelle Leitung er übernahm.

Bauers politische Funktion bewahrte ihn jedoch nicht davor, bei Ausbruch des Ersten Weltkrieges zum Militärdienst einberufen zu werden. Als Leutnant des Infanterie-Regiments Nr. 75 wurde er an der Ostfront eingesetzt, geriet bereits früh in Kriegsgefangenschaft und verbrachte fast drei Jahre in einem Lager in Sibirien. Nach seiner Rückkehr als „Austauschgefangener", den die Oktoberrevolution aus seiner Internierung befreite, wurde Bauer im September 1917 dazu verpflichtet, im Kriegsministerium weiter seinen Dienst zu versehen. In jener Zeit intensivierte sich auch die Zusammenarbeit mit Victor Adler, dem Vorsitzenden der SDAP, und Otto Bauer wurde zu einem seiner engsten Vertrauten.

Im Gegensatz zu Karl Renner und der unter dessen Einfluss stehenden Parlamentsmehrheit, welche die Rettung Österreichs darin suchten, die Monarchie durch Reformen zu retten, erachtete Bauer derartige Bestrebungen bereits als aussichtslos. Die Auswirkungen des Krieges sowie die Revolution in Russland hätten den Wunsch der slawischen Völker nach Unabhängigkeit derart befeuert, dass nach einem Sieg der Entente diese nichts davon abhalte, sich vom Habsburgerreich loszulösen. Der Sozialdemokratie könne deshalb nur die Aufgabe zufallen, Vorbereitungen

für die bevorstehende Revolution zu treffen. Je lauter die Rufe
nach Autonomie innerhalb der Monarchie wurden, umso mehr
erstarkte auch die Überzeugung Otto Bauers und jener, die seinen
Standpunkt teilten. Zu Beginn des Jahres 1918 wurde das „Natio-
nalitätenprogramm der Linken" verlesen, in der gefordert wurde,
konstituierende Nationalversammlungen der einzelnen Nationen
Österreiches einzuberufen. Trotz der sich weiter verschärfenden
politischen Situation lehnte indes die Mehrheit des Parteitages
einen derartigen Vorstoß ab. Als Ende 1918 die Donaumonarchie
endgültig zerbrach und Victor Adler, der designierte Außenmi-
nister des neuen Staates, am 11. November, dem Vorabend der
Ausrufung der Republik, unerwartet verstarb, übernahm Bauer die Leitung des Außenamtes. Damals schien — für sämtliche
Parteien — der Anschluss an Deutschland als einzig gangbarer
Weg, um Österreich nach dem Abfall der nicht-deutschen Nationen vom ehemaligen Habsburgerreich das Überleben zu sichern.
Es herrschte die Überzeugung, dass das kleine, übriggebliebene
„Rest-Österreich", auf sich alleine gestellt wirtschaftlich nicht
überlebensfähig sei.

Nach nur wenigen Monaten im Amt, nachdem Initiativen für
den Anschluss an Deutschland durch die Siegermächte abgewie-
sen und letztlich mit dem Vertrag von St. Germain zu Grabe getragen worden waren, trat Otto Bauer im Juli 1919 zurück. Bauer
übernahm nun die Führungsfunktion der Partei und blieb ihr
auch nach seinem Ausscheiden aus der Regierung als brillianter
Rhetoriker und Publizist erhalten. Ebenfalls zu dieser Zeit setzte
sich Bauer für die Wiener Arbeitsgemeinschaft Sozialistischer
Parteien (auch bekannt unter der Bezeichnung „Internationale
Zweieinhalb") ein, die einerseits aus der II. Internationale wegen
dem gehaltenen „Burgfrieden" — dem Zurückstellen innenpo-
litischer und wirtschaftlicher Konflikte während des Krieges —
ausgetreten waren, jedoch andererseits davon Abstand nahmen,
Teil der Kommunistischen Internationale zu werden, da sie nicht
gewillt waren, die dominante Rolle der Bolschewiki zu akzeptie-
ren.

Am 3. November 1926 beschloss die SDAP ein wegweisendes Parteiprogramm, das „Linzer Programm", welches unter der Federführung von Otto Bauer entstanden war. Die darin enthaltene kämpferische Rhetorik, besonders jener Abschnitt zur „Diktatur der Arbeiterklasse", welche u.a. dann angewendet werden sollte, wenn sich die Bourgeoisie mithilfe ausländischer Kräfte der Revolution zu widersetzen beabsichtigte, führten schließlich dazu, dass sich die politischen Fronten innerhalb der Ersten Republik noch weiter verhärteten.

Trotz seines Ansehens geriet Bauer in den folgenden Jahren zusehends ins Kreuzfeuer der Kritik. Insbesondere nach der Ausschaltung des Parlaments im Jahre 1933 und der Errichtung des austrofaschistischen Ständestaats bot sein übervorsichtiges Verhalten Kritikern eine große Angriffsfläche: kein Generalstreik wurde nach der Ausschaltung des Parlaments ausgerufen; selbst als der sozialdemokratische Schutzbund verboten wurde, zögerte Bauer mit seinen Entscheidungen; wenn Taten gesetzt wurden, erfolgten diese zu spät, um noch etwas ausrichten zu können.

Nachdem der Schutzbund in den Februaraufständen 1934 durch das autoritäre Dollfuß-Regime in mehrtägigen Kämpfen niedergerungen worden war, flüchtete Bauer auf Anraten von Parteigenossen in die damalige Tschechoslowakei nach Brno (Brünn). Von dort setzte er seine politische Arbeit fort, etablierte das Auslandsbüro der österreichischen Sozialdemokraten (ALÖS) und publizierte weiterhin für die Monatsschrift „Der Kampf" sowie die „Arbeiter-Zeitung", welche trotz Verbots in Österreich unter der Hand Verbreitung fanden.

Im März 1938 traf Otto Bauer in Brüssel mit Friedrich Adler und Joseph Buttinger zusammen, um die Zusammenlegung des ALÖS und des Parteipräsidiums der Revolutionären Sozialisten, deren Vorsitzender Buttinger war, zu besprechen. Am 4. Juli 1938, nur wenige Monate nach dem Anschluss Österreichs an Hitler-Deutschland und vor Beginn des Zweiten Weltkrieges, den er in seinem letzten zu Lebzeiten erschienenen Werk „Zwischen zwei Weltkriegen?" vorhersah, verstarb Otto Bauer in Paris an einem

Herzinfarkt und wurde auf dem Pariser Friedhof „Père Lachaise",
gegenüber dem Denkmal für die Kämpfer der Pariser Kommune,
beigesetzt. Im Jahre 1948 wurde die Urne Otto Bauers nach Wien
überstellt und schließlich am 12. November 1959 in ein Ehrengrab
am Wiener Zentralfriedhof umgebettet.

***

Worin besteht die Faszination, welche nach Jahrzehnten weitge-
hender Vergessenheit von Bauers Schriften ausgeht? Im Gegensatz zu den meisten reformistischen Politikern waren die Austromarxisten keine reinen Pragmatiker, sondern darauf bedacht,
ihre Politik theoretisch zu untermauern und die „marxistische
Mitte", zu der sie sich zugehörig fühlten, gegen rechte (reformi-
stische) sowie linke (bolschewistische) Strömungen abzusichern.
Gerade das Bestreben, einen „Dritten Weg" zwischen Reform
und Revolution zu suchen, und eine gemeinsame Basis der zer-
splitterten Linken, zwischen sozialdemokratischen und anderen
linken Parteien zu finden, ist damals wie heute so verlockend wie
dringend notwendig.

Nicht zuletzt ist es Otto Bauers Scharfsinn und Talent zu ver-
danken, Probleme der Tagespolitik im Detail zu analysieren, diese
dann in einen größeren Zusammenhang einzubetten und komple-
xe Sachverhalte in einer verständlichen Sprache zu behandeln,
dass selbst nach so vielen Jahren seine Schriften nichts an ihrer
Wirkkraft eingebüßt haben.

Interessierten LeserInnen standen bislang nur wenige Möglichkeiten offen, sich mit Otto Bauers Schriften zu befassen. Einige
Originalexemplare finden sich noch in Bibliotheken, doch selbst
die käuflich zu erwerbenden Exemplare der Werkausgabe, welche
erst im Jahre 1975 — knapp 40 Jahre nach seinem Tod — erschienen ist, sind lediglich über Antiquariate und zum Teil nur unter
beträchtlichen Kosten zu beziehen. Diesem Umstand Rechnung
tragend, habe ich mich dazu entschlossen, ausgewählte Schriften
Otto Bauers in modern aufbereiteter Form und als erschwingliche
Paperback-Ausgaben zu veröffentlichen.

Die Orthographie des jeweiligen Originals wurde unverändert übernommen, korrigierend wurde nur dort eingegriffen, wo im Drucksatz der damaligen Produktion offensichtliche Fehler oder eingeschränkte Möglichkeiten, z.B. bei großgeschriebenen Umlauten, vorliegen. Fußnoten wurden vereinheitlicht, gesperrte Wörter kursiv gesetzt sowie bei manchen Werken umfangreichere Literaturangaben an das Ende des Buches gesetzt. Zur besseren Orientierung und um das Zitieren gemäß den Originaltexten zu ermöglichen, wurde das Ende einer Seite im Original in Randnoten vermerkt — so kennzeichnet beispielsweise die Ziffer 32 den Umbruch von Seite 32 auf Seite 33 in der zugrundeliegenden Ausgabe. Sämtliche Texte wurden manuell transkribiert und mehrfach mit dem Original verglichen. Sollten sich dennoch Fehler eingeschlichen haben, trage ich hierfür die alleinige Verantwortung.

Thomas Gimesi
WIEN, 3. SEPTEMBER 2017

VERWENDETE QUELLEN & WEITERFÜHRENDE LITERATUR

- Albers, Detlev; Heimann, Horst; Saage, Richard (Hrsg.): Otto Bauer – Theorie und Politik. Argument Verlag, Berlin 1985.
- Das Rote Wien: Weblexikon der Wiener Sozialdemokratie. *http://www.dasrotewien.at/bauer-otto.html*
- Deutsch, Julius: Otto Bauer (Kurzbiographie). In: Neue Österreichische Biographie, Band 10, S. 209–218. Amalthea Verlag, Zürich–Leipzig–Wien 1957.
- Hanisch, Ernst: Der große Illusionist: Otto Bauer (1881–1938). Böhlau, Wien 2011.
- Leichter, Otto: Otto Bauer. Tragödie oder Triumph. Europa Verlag, Wien 1970.
- Leser, Otto: Zwischen Reformismus und Bolschewismus. Der Austromarxismus als Theorie und Praxis. Europa Verlag, Wien 1968.
- Löw, Raimund; Mattl, Siegfried; Pfabigan, Alfred (Hrsg.): Der Austromarxismus – Eine Autopsie. isp-Verlag, Frankfurt am Main 1986.
- Maderthaner, Wolfgang: Der große Theoretiker der Sozialdemokratie. In: Österreich-Magazin, 3/2011. *http://www.dasrotewien.at/bilder/d278/Oemag_03_2011_ansicht_15.pdf*
- SPÖ/Renner Institut: Rot Bewegt – Geschichte der österreichischen Sozialdemokratie. *https://rotbewegt.at/#/epoche/1889-1918/artikel/austromarxismus*
- Wien Geschichte Wiki: Otto Bauer. *https://www.wien.gv.at/wiki/index.php/Otto_Bauer*

Vorwort

~

RUSSLAND, EIN JAHRHUNDERT lang die Zitadelle der europäischen Konterrevolution, ist zum Schauplatz der gewaltigsten proletarischen Revolution geworden. Zum erstenmal hat das Proletariat die Herrschaft über einen großen Staat an sich gerissen. Zum erstenmal unternimmt es den Versuch, die kapitalistische Organisation der Gesellschaft zu zertrümmern und eine sozialistische Gesellschaftordnung aufzubauen.

Die kapitalistische Welt zittert. Ihre Traditionen, ihre Ideen versinken ins nichts, sobald sie sich dem Todfeind handgreiflich gegenüber sieht. Die Erben der Jakobiner organisieren jetzt, ganz wie einst Leopold II. und Friedrich Wilhelm II., den Koalitionskrieg gegen die Revolution. Die Nachfahren Paines besorgen die Aufgabe Burkes. Deutsche Generale bieten dem übermütigen Sieger, der Deutschland demütigt, dem französischen „Erbfeind" und dem „perfiden Albion" ihre Dienste zum Kampfe gegen die Revolution an. Die Enkel der polnischen Freiheitskämpfer leisten der neuen Heiligen Allianz Vasallendienst.

Mit Kanonen und Haubitzen, mit Maschinengewehren und Flammenwerfern, mit dem Golde, das die konterrevolutionären Armeen in Rußland wirbt, mit den Intrigen der Diplomatie, die die kleinen schwachen Nationen in den konterrevolutionären Ring hineinpreßt, mit dem Hungergürtel der Blockade, mit einer Flut von Druckerschwärze, von Entstellungen, Lügen, Verleumdungen führt die internationale Bourgeoisie ihren Krieg gegen die proletarische Revolution. Desto stärker aber schlagen die Herzen der Proletarier aller Länder für das russische Proletariat. Unbeirrt durch den Lügenfeldzug der Bourgeoisie jubeln die Arbeitermassen aller Nationen über die | Siege der Sowjetrepublik. Sie feiern ihre Triumphe über die Koltschak, Denikin

3

und Judenitsch als das Valmy und Jemappes der proletarischen
Weltrevolution. Das internationale Proletariat, durch den Krieg
gespalten und zerrissen, ist zum erstenmal einig im täglichen
leidenschaftlichen Protest gegen die Intervention in Rußland. Es
erringt seinen ersten Sieg, indem es die Weltmächte zwingt, ihre
Truppen aus Rußland zurückzuziehen.

Aber unter dem Eindruck so gewaltigen Erlebnisses wird auch
das Proletariat an seinen Traditionen, an seinen Ideen irre. Die
Demokratie, in deren Namen die Entente ihren Krieg gegen die
Militärmonarchien der Hohenzollern und der Habsburger ge-
führt hat, ist demaskiert durch die schmählichen Verträge von
Versailles und St. Germain. Die Demokratie in Mitteleuropa, im
Gefolge der Niederlage errungen, muß die Waffen enttäuschen,
da sie Not und Elend, die Folgen des Krieges, der Niederlage, des
Gewaltfriedens nicht überwinden kann. Der Glaube des Proletariats an die Demokratie, um die es im Westen seit einem Jahrhundert, in Mitteleuropa seit 1848 gerungen hat, ist erschüttert.
Die russische Revolution weist dem Proletariat einen anderen
Weg zum Ziele: die gewaltsame Aufrichtung der unverhüllten,
brutalen Klassenherrschaft des Proletariats. Enttäuschung über
die Demokratie und Begeisterung für die russische Revolution
locken das Proletariat auf die Bahn des Bolschewismus. Aber in
West- und Mitteleuropa stößt die Arbeiterklasse auf diesem Wege
auf ganz andere Hindernisse als in Rußland. So scheiden sich die
Geister. Sowjetdiktatur oder Demokratie — dieser Streit scheidet das Proletariat in Sozialdemokraten und Kommunisten, er
spaltet die sozialdemokratischen Parteien selbst, er zerreißt die
Internationale.

Fließen die Methoden der russischen Revolution aus dem Wesen der proletarischen Revolution überhaupt oder sind sie be-
dingt durch die besonderen Umstände der russischen Gesellschaft? Ist der Bolschewismus die allein mögliche, allein ziel-
führende Methode jeder proletarischen Revolution oder ist er
nur die den besonderen russischen Verhältnissen angepaßte, in
anderen Ländern daher nicht anwendbare Methode des proleta-

rischen Befreiungskampfes? Kann und muß das Proletariat aller
Länder die russische Methode nachahmen oder sind | die Ver-   4
schiedenheiten der Kampfbedingungen so groß, daß die Methode,
die in Rußland die Geschichte selbst dem Proletariat diktiert hat,
in anderen Ländern nicht angewendet werden kann, durch ganz
andere Methoden ersetzt werden muß? Das sind die großen Fragen, um deren Antwort der internationale Sozialismus ringt.

Die Beantwortung dieser Fragen setzt das Verständnis der besonderen Bedingungen voraus, unter denen das russische Proletariat seinen Kampf geführt hat und führt. Rußland ist ein
gewaltiges Agrarland; drei Viertel seiner Bevölkerung sind in
der Landwirtschaft tätig. Nur aus der Geschichte der russischen
Landwirtschaft, nur aus der Kenntnis der Lebensbedingungen
des russischen Bauern sind der Ursprung und der Verlauf der
russischen Revolution zu begreifen. Deshalb beginnt meine Darstellung mit einer kurzen Geschichte des russischen Bauern von
der Aufhebung der Leibeigenschaft bis zur Revolution. Auf dieser
Grundlage schildert sie dann die Entwicklung des Klassenkampfes zwischen der Bourgeoisie und dem Proletariat inmitten dieser riesigen bäuerlichen Umwelt. Haben wir so die besonderen
Kampfbedingungen des russischen Proletariats begreifen, aus
ihnen den russischen Bolschewismus, seinen Ursprung und seine
innere Entwicklung im Verlaufe seines Siegeszuges verstehen ge-
lernt, so stellen wir ihnen nun die wirtschaftlichen und sozialen
Bedingungen gegenüber, unter denen das Proletariat West- und
Mitteleuropas seinen Klassenkampf führt. Aus der Erkenntnis
der Grundverschiedenheit der Kampfbedingungen begreifen wir,
daß auch die Kampfmethoden verschieden sein müssen, obwohl
wir hüben wie drüben für dieselbe Sache, die Sache des Proletariats kämpfen, nach demselben Ziele, dem Ziele des Sozialismus
ringen.

Noch trennen uns von Rußland stahlstrotzende Fronte. Nur
spärliche und widerspruchsvolle Nachrichten dringen aus der
Sowjetrepublik zu uns. Die Schwierigkeit, erschöpfende und ver-
läßliche Nachrichten zu bekommen, ist eine der Ursachen des

Streites in unseren Reihen. Meine Darstellung stützt sich auf eine größere Sammlung von Gesetzausgaben und amtlichen Berichten der Sowjetbehörden, von russischen Büchern, Broschüren, Zeitungen und Zeitschriften, die mir Alexander *Täubler* bei seiner Rückkehr aus russischer Kriegs- | gefangenschaft mit großen Mühen und Opfern mitgebracht hat. Auch diese Sammlung ist bei weitem nicht vollständig. Vor allem umfaßt sie nur Schriften aus dem ersten Jahre der Sowjetrepublik; das Bild der Entwicklung in ihrem zweiten Jahre mußte ich mir aus viel dürftigeren Berichten zu formen versuchen. Aber der Politiker ist nicht in der glücklichen Lage des Historikers, der, frei in der Wahl seines Stoffes, sein Forschungsgebiet bearbeiten muß, ehe ihm nicht die Forschungsquellen zugänglich werden. Zur Stellungnahme zu den Tagesereignissen gezwungen, muß der Politiker es wagen, sich auch auf Grund eines unvollständigen Forschungsmaterials sein Urteil zu bilden, selbst auf die Gefahr hin, daß die Unvollständigkeit seiner Forschungsquellen sein Urteil da oder dort irreleitet.

Wien, 12. April 1920

6   *Otto Bauer* |

Die sozialen Voraussetzungen der russischen Revolution

~

1.1 Die Aufhebung der Leibeigenschaft

BIS ZUM JAHRE 1861 WAR DAS russische Volk ein Volk von Leibeigenen. Die Leibeigenschaft war in Rußland weit verbreiteter, vollständiger, brutaler als in allen anderen Ländern Europas. Der Gutsherr schrieb dem Bauern Frondienste und Abgaben vor, wie es ihm beliebte. Der Gutsherr teilte dem Bauern den Boden zu und nahm ihm den Boden wieder weg, wie es ihm gefiel. Der Gutsherr konnte den Bauern mit dem Boden, auf dem er saß, aber auch ohne den Boden verkaufen und verschenken. Der Gutsherr konnte den Bauern in seinen Hofknecht verwandeln. Ohne Erlaubnis des Gutsherrn konnte der Bauer nicht heiraten, nicht die Scholle verlassen, sich nicht einem anderen Berufe zuwenden. Der Gutsherr allein war Richter über die Bauern; der Bauer hatte keinen Zutritt zu den staatlichen Gerichten. Der Gutsherr konnte den Bauern mit der Knute bestrafen, ihn zum Militärdienst abgeben, ihn nach Sibirien verbannen, ihn zur Zwangsarbeit verurteilen. In diesem Zustande der Sklaverei hat die russische Bauernschaft, hat die überwiegende Mehrheit des russischen Volkes noch vor sechzig Jahren gelebt.

Die Gutsherren beuteten die Arbeitskraft der Leibeigenen in verschiedener Weise aus. Nach der Art ihrer Ausbeutung können wir die Fronwirtschaft und die Zinswirtschaft unterscheiden.

Auch bei *Fronwirtschaft* überließen die Gutsherren einen Teil des Bodens den Bauern zur Nutzung. Aber sie überließen ihnen nur so viel, daß der Boden eben zureichte, die Bauern und ihre

Familien zu ernähren. Der andere, größere Teil des Bodens blieb Herrenland. Die Bauern mußten das Herrenland mit ihren Gespannen und Geräten bearbeiten, auf dem Herrenland Fronarbeit (Robot) leisten. Der Bauer arbeitete einen Teil des Jahres auf dem ihm zur Nutzung überlassenen Lande für sich, den anderen Teil des Jahres auf dem Herrenland für den Gutsherrn. Die Mehrarbeit war Fronarbeit, der Mehrwert hatte die Gestalt der Arbeitsrente.

Anders in der *Zinswirtschaft*. Hier überließen die Gutsherren
7 den größten Teil des Bodens den Bauern zur Nutzung. Die | Bauern wurden also bei weitem reicher mit Boden ausgestattet. Aber der von den Bauern genutzte Boden mußte hier nicht nur die Bauernfamilien ernähren, sondern auch dem Gutsherrn einen Mehrwert abwerfen. Die Bauern waren nämlich verpflichtet, von dem Ertrag ihres Bodens dem Gutsherrn eine Abgabe, den *Obrok*, zu entrichten. Diese Abgabe, ursprünglich in Naturalien entrichtet, wurde mit der Verbreitung der Geldwirtschaft in eine Geldabgabe verwandelt. Der Mehrwert trug hier anfänglich die Form der Produktenrente, die allmählich durch die Geldrente verdrängt wurde.[1]

In der naturalwirtschaftlichen Epoche war der Bauer nicht nur mit der Bodenbebauung und mit der Viehzucht beschäftigt; die Bauernfamilie erzeugte auch Gewebe, Kleider, Schuhwerk, Geräte, Werkzeuge für ihren eigenen Bedarf. Die allmähliche Entwicklung der Städte, des Verkehrswesens, der Warenproduktion und Geldwirtschaft bot den Bauern Gelegenheit, die Erzeugnisse seines Gewerbfleißes auch auf den Markt zu bringen. Der doppelte Druck der Steuern an den Staat und der Abgaben an den Gutsherrn zwang den Bauern, diese Gelegenheit zu benützen. So suchten und fanden die Bauern einen Nebenerwerb in gewerblicher Tätigkeit. Sie arbeiteten in der Winterzeit als *Kustari*, als Handwerker, Hausindustrielle, Heimarbeiter im Dienste kapitalistischer Verleger. Je größer aber das Geldeinkommen der Bauern

---

[1] Über die drei vorkapitalistischen Formen der Grundrente — Arbeitsrente, Produktenrente, Geldrente — die wir in der russischen Landwirtschaft wiederfinden, siehe Marx, „Das Kapital", III. 2. Seite 323 bis 348.

aus ihrer gewerblichen Nebenbeschäftigung wurde, desto höheren Geldzins konnten die Gutsherren von ihnen fordern. Daher
wurde es für die Gutsherren vorteilhaft, nicht nur die Natural-
abgaben durch Geldabgaben, sondern auch die Fronwirtschaft
durch die Zinswirtschaft, die Fronarbeit durch den Obrok zu ersetzen. Insbesondere in der Waldzone, wo der Bodenertrag niedrig
ist, die Bauern aber reichlich Gelegenheit zu gewerblicher Arbeit hatten, zogen es die Gutsherren vor, das Herrenland auf die
Bauern aufzuteilen, den Bauern dafür aber hohe Geldzinse aufzu-
erlegen. Die Arbeitsrente und die Produktenrente wurde durch
die Geldrente verdrängt. Nur im Schwarz-Erde-Gebiet, wo der
Boden fruchtbar ist, das Herrenland also höheren Ertrag abwarf
und wo die Bauern wenig Gelegenheit hatten, durch gewerbliche
Arbeit hohe Geldeinkommen zu erwerben, also auch nicht hohe
Geldzinse leisten konnten, fanden es die Gutsherren vorteilhaf-
ter, den Großteil des Bodens durch fronende Bauern bebauen zu
lassen.[2]

Die Geldrente ist nach Marx „die letzte Form und zugleich die
Form der Auflösung" der vorkapitalistischen, feudalen Form der
Mehrwertaneignung.[3] Sie ist die Anpassung der feudalen, auf die
persönliche Unfreiheit des Bauern gegründeten Landwirtschaft
an die | eindringende Geldwirtschaft; aber die weitere Entwick-   8
lung der Geldwirtschaft ist mit der feudalen Landwirtschaftsver-
fassung überhaupt unvereinbar. In dem Maße, als durch den Übergang von der Arbeitsrente und von der Produktenrente zur Geldrente die Form der Ausbeutung der Leibeigenen verändert wurde,
erstarkte der Widerstand gegen die Leibeigenschaft überhaupt.
Immer häufiger rebellierten die Bauern. Immer lauter klagten
die Industriellen, daß die Bindung des Bauern an die Scholle die
Entwicklung eines industriellen Proletariats, die Fortdauer der
Fronwirtschaft im Schwarz-Erde-Gebiet die Entwicklung eines
kaufkräftigen inneren Marktes unmöglich mache. Immer heftiger
griff die sich entwickelnde Intelligenz die Institution der Leibei-

---

[2] Maßlow, Die Agrarfrage in Rußland. Stuttgart 1907. Seite 5 bis 9.

[3] Marx, a.a.O., Seite 331.

genschaft als ein Hindernis der Entwicklung der Produktivkräfte Rußlands an. Immer schwächer wurde aber auch der Widerstand der Gutsherrenklasse selbst gegen die „Befreiung" der Bauern. Denn so unentbehrlich die Leibeigenschaft für die Fronwirtschaft ist, so entbehrlich wird sie, sobald die Fronwirtschaft durch die Zinswirtschaft ersetzt wird. Besteht die Leistung des Bauern an den Gutsherrn nur noch in einem Geldzins, so kann das feudale Rechtsverhältnis der Leibeigenschaft durch ein rein kontraktliches Verhältnis, ein der Form nach bürgerliches Pachtverhältnis, abgelöst werden. Unter dem Drucke der gewaltigen Gärung, in die Rußland nach der Niederlage im Krimkriege geriet, mußte der Zarismus zum erstenmal kapitulieren. Durch das Gesetz vom 19. Februar 1861 wurde die Leibeigenschaft aufgehoben.

Hob das Gesetz die Herrschaft des Gutsherrn über die Person des Bauern auf, so mußte es auch die Eigentumsverhältnisse am Grund und Boden regeln. Das Gesetz hielt grundsätzlich daran fest, daß der gesamte Boden Eigentum der Gutsherren, nicht der Bauern sei. Aber es verpflichtete die Gutsherren, die aus der Leibeigenschaft entlassenen Bauern mit Boden auszustatten. Für den ihm zu dauernder Nutznießung zugewiesenen Boden mußte der Bauer aber dem Gutsherrn einen Bodenzins, den Ablösungszins für den Boden, bezahlen. Der Bauer wurde von der Fronarbeit befreit; aber and die Stelle der Fronarbeit trat der Bodenzins an den Gutsherrn. In der Gestalt dieses Bodenzinses lebte der alte Obrok fort. Das Gesetz verallgemeinerte also nur den Prozeß, der sich in einzelnen Gebieten Rußlands schon vorher ohne gesetzlichen Zwang vollzogen hatte: die Verwandlung der Arbeitsrente in Geldrente. Das Gesetz hob die feudale Form der Mehrwertaneignung nicht auf, es erzwang nur den allgemeinen Übergang zu ihrer letzten, der Geldwirtschaft angepaßten Form.

Allerdings konnten die Bauern mit Zustimmung des Gutsherrn den Boden auch als ihr Eigentum erwerben. In diesem Falle löste der Staat dem Gutsherrn den Anspruch auf den Bodenzins ab; das Kapital, das der Staat dem Gutsherrn zahlte, mußte der Bauer dann dem Staat in neunundvierzig sechsprozentigen Raten

verzinsen und tilgen. In diesem Falle wurde das Verhältnis zwischen dem | Gutsherrn und den Bauern vollständig aufgelöst; der 9
Gutsherr wurde vom Staat entschädigt, der Bauer hatte dem Staate den Entschädigungsbetrag zu verzinsen und zurückzuzahlen.
Aber auch in diesem Falle verschwand der Obrok nicht; er nahm nur die Form der Zinsen- und Annuitätenzahlung an den Staat an.
Und die ganze Operation war nur mit Zustimmung des Gutsherrn zulässig! Nur dort, wo die Gutsherren dem zustimmten, und erst nach neunundvierzig Jahren sollten die Bauern freies, unbelastetes Eigentum an dem ihnen zugewiesenen Boden erwerben!

Wieviel Boden mußten die Gutsherren den Bauern zuweisen? Das Gesetz setzte Maxima und Minima der Landanteile fest, die den Bauern überwiesen werden sollten. In der Regel sollte der Bauer so viel Ackerboden erhalten, als er vor der Aufhebung der Leibeigenschaft tatsächlich genutzt hatte. Wo dieser Landanteil kleiner als das gesetzliche Minimum war, sollte er auf das Minimum ergänzt werden. Wo er aber größer war als das gesetzliche Maximum, sollte der Bauer nur das Maximum bekommen, der Rest vom Gutsherrn eingezogen werden. Die Maxima und die Minima wurden für die einzelnen Teile des Reiches verschieden festgesetzt. Bei ihrer Festsetzung entschied das Interesse der Gutsherrenklasse. In der Waldzone, wo die Gutsherren auf früher schon weniger auf das Land als auf hohe Geldzinse Wert legten, wurden die Maxima verhältnismäßig hoch bemessen. Im Schwarz-Erde-Gebiet dagegen, dessen fruchtbarer Boden in dem Maße höhere Erträge abwarf, als die Entwicklung der Verkehrsmittel die Ausfuhr von Getreide ermöglichte, wurden die Maxima so niedrig bemessen, daß sie hinter den Landanteilen, die die Bauern vor der Aufhebung der Leibeigenschaft tatsächlich besessen hatten, zurückblieben. Die Reform gab hier also den Gutsherren das Recht, den Bauern einen Teil des von ihnen seit Jahrhunderten bearbeiteten und genutzten Bodens zu rauben.
24 Prozent des Bauernlandes im Schwarz-Erde-Gebiet wurden von den Gutsherren eingezogen. Die „Bauernbefreiung" wurde zum ungeheuerlichen Raub am Bauernland. Bis in unsere Tage

lebte in der Bauernschaft des Schwarz-Erde-Gebietes die Erinnerung daran fort, daß ihr weite Flächen Bauernlandes vor sechzig
Jahren von den Gutsherren geraubt worden sind.

Das Ergebnis dieser Landzuteilung war eine überaus dürftige
Landversorgung der Bauern. Im Reichsdurchschnitt bekamen die
Staatsbauern 6,7, die Apanagebauern 4,9, die Gutsbauern aber
gar nur 3,2 Deßjatinen Boden.[4] Im Schwarz-Erde-Gebiet wurden
den Gutsbauern im Durchschnitt nur 2,2 Deßjatinen zugeteilt,
in einzelnen Gouvernements noch weit weniger, so im Gouvernement Podolien 1,9, in den Gouvernements Poltawa und Kiew
gar nur 1,2 Deßjatinen. Eine Bauernwirtschaft braucht in Rußland, um lebensfähig zu sein, jedenfalls mehr als 5, in Gebieten
mit extensiver | Wirtschaft kaum weniger als 10 Deßjatinen Bo-
den. Aber nur in 18 von 50 Gouvernements des europäischen
Rußland bekamen die Bauern im Durchschnitt mehr als 5 Deßjatinen. In 15 Gouvernements wurden die Landanteile mit 4 bis 5,
in 12 Gouvernements mit 3 bis 4, in 4 Gouvernements mit weniger als 3 Deßjatinen bemessen! Die Bauern erhielten also viel
zu wenig Land, als daß sein Ertrag sie hätte ernähren können.
Dies entsprach der Absicht der zarischen Regierung. Zur Zeit der
Bauernbefreiung gab es auf dem Lande noch keine Klasse freier
Lohnarbeiter. Sollten die Gutsherren trotzdem ihre Wirtschaft
aufrechterhalten können, so mußte man die Bauern zwingen,
auch nach der Aufhebung der Leibeigenschaft das Herrenland zu
bearbeiten. Dies erreichte man durch die karge Bodenzuteilung:
da das Bauernland nicht zureiche, die Bauern zu ernähren, waren sie gezwungen, als Arbeiter oder als Pächter die Äcker der
Herren zu bearbeiten. So war die Reform von Anfang an darauf
angelegt, trotz der Aufhebung der rechtlichen Unfreiheit der
Bauern ihre wirtschaftliche Unfreiheit, ihre Verpflichtung zum
Frondienst auf dem Herrenland aufrechtzuerhalten.

Demselben Zwecke diente auch die Bemessung des Bodenzinses, den die Bauern für den ihnen zu dauernder Nutzung über-
wiesenen Boden zu entrichten hatten. Die Zinse wurden höher

---

[4] 1 Deßjatine — 1,09 Hektar.

bemessen, als der Reinertrag des Bodens war, damit die Bauern, nicht imstande, den schuldigen Zins aus ihrem Lande herauszuwirtschaften, gezwungen seien, ihn auf dem Herrenlande abzuarbeiten. So wurde der Grundbesitz für den Bauern nicht zu einem nutzbaren Recht, sondern zu einer drückenden Last. Die Bauern „weinten über den Boden", sie weigerten sich, den Boden zu diesen drückenden Bedingungen anzunehmen. Dies gab Gelegenheit zu neuem ungeheuerlichen Bodenraub. Nach dem Reformgesetz konnten nämlich der Gutsherr und die Bauern miteinander vereinbaren, daß der Gutsherr den Bauern Landanteile in der Größe eines Viertels der gesetzlichen Minima schenkt, so daß die Bauern diese Anteile unentgeltlich, ohne Zahlung eines Bodenzinses erwerben, wogegen die Bauern auf alle weiteren Bodenansprüche verzichten. Da die Bodenzinse so drückend bemessen waren, zogen viele Bauern es vor, diese „Bettelanteile" unentgeltlich anzunehmen, statt viermal größere Landanteile gegen die Verpflichtung zur Zahlung des Bodenzinses zu übernehmen. So verzichteten viele Bauern auf drei Viertel des von ihnen seit Jahrhunderten bearbeiteten Bodens, sie behielten nur die „Bettelanteile" als unbelastetes Eigentum, während drei Viertel ihres Bodens zum Herrenland geschlagen wurden! Die Größe dieser Bettelanteile betrug 0,9 bis 1,1 Deßjatinen — also bestenfalls ein Fünftel dessen, was eine lebensfähige Bauernwirtschaft brauchte.

Wo sich die Bauern aber nicht mit den Bettelanteilen begnügten, sondern die ihnen gesetzlich zustehenden Landanteile gegen die Verpflichtung zur Leistung des Bodenzinses übernahmen, dort führte die Höhe des Bodenzinses zu ganz eigenartiger Gestaltung der ländlichen Besitzverhältnisse. Die Staatssteuern und die Bodenzinse, die auf dem | Boden lasteten, betrugen zusammen   11 im Gouvernement Petersburg 128 bis 150 Prozent, in den Gouvernements Moskau 205 Prozent, Smolensk 22, Twer 252, Wladimir 276 Prozent des Bodenertrages.[5]

---

[5] Simkowitsch, Die Bauernbefreiung in Rußland. „Handwörterbuch der Staatswissenschaften".

Da also der Bodenzins, der auf dem Boden lastete, höher war als der Bodenertrag, konnte der Bauer seinen Boden nicht etwa verkaufen, sondern er mußte, wenn er den Boden einem anderen übertragen wollte, diesem eine Entschädigung dafür bezahlen, daß er ihm den überlasteten Boden abnahm. Der Bauer mußte sich also, wenn er die Scholle verlassen wollte, „loskaufen". In dieser Form lebte die feudale Gebundenheit des Bauern an die Scholle nach der Aufhebung der Leibeigenschaft fort.

Die Grundlage der russischen Gesellschaft war die Ausbeutung der Bauern durch die Gutsherren. Im Rahmen der Naturalwirtschaft setzte diese Ausbeutung die Leibeigenschaft voraus; die Gutsherren bedurften der Leibeigenschaft, um die Bauern zur Leistung des Obrok und der Frondienste zwingen zu können. Mit dem Eindringen der Geldwirtschaft wurde es möglich, die Ausbeutung der Bauern in andere Rechtsformen zu kleiden. Die Leibeigenschaft konnte fallen, ohne daß darum die feudale Mehrwertaneignung fiel. An die Stelle des Obrok trat der Ablösungszins, den der Bauer dem Gutsherrn zu entrichten hatte; an die Stelle der Fronpflicht trat der Zwang, den Bodenzins, den der Bauer aus seinem Boden nicht herauswirtschaften konnte, auf dem Herrenland abzuarbeiten. Der Rechtstitel des Verhältnisses zwischen dem Gutsherrn und den Bauern wurde verändert, nicht sein wirtschaftlicher Inhalt. Aber diese Änderung des Rechtstitels bot den Gutsherren Gelegenheit, ein Viertel des Bauernlandes im Schwarz-Erde-Gebiet, dessen Wert durch die Entwicklung des Weltmarktes gewaltig gestiegen war, an sich zu reißen. Die zarische „Bauernbefreiung" von 1861 bedeutete also nicht die Aufhebung der feudalen Ausbeutungsverhältnisse, sondern nur eine Veränderung ihrer Rechtsformen. Es ist für das Verständnis der großen russischen Revolution von entscheidender Bedeutung, zu erkennen, daß die Agrarverfassung, die von 1861 bis 1917 die Basis der russischen Gesellschaft war, immer noch auf feudaler Grundlage ruhte.

1.2 Die Feldgemeinschaft

DER FEUDALISMUS UND DER Absolutismus hatten die urwüchsige autonome Organisation der russischen Bauernschaft, die Bauerngemeinde, den Mir, nicht aufgelöst, sondern in ihr Ausbeutungsinstrument verwandelt. Der Staat sicherte sich den Eingang der Steuern, der Gutsherr den Eingang des Obrok, indem sie die ganze Bauerngemeinde, den Mir, für die Steuer- und Abgabeverpflichtungen | aller ihrer Mitglieder haftbar machten. 12 Mußte aber der *Mir* für die Steuern und Abgaben aller seiner Mitglieder haften, so mußte er auch über den Boden verfügen, aus dem Steuern und Abgaben herausgewirtschaftet werden mußten. Nicht dem einzelnen Bauern, sondern der Bauerngemeinde, dem Mir, stand daher das Verfügungsrecht über das den Bauern zur Nutznießung zugewiesene Land zu; der Mir verteilte das Bauernland und die auf ihm lastenden Abgaben auf die einzelnen Bauernfamilien, und er revidierte diese Verteilung von Zeit zu Zeit. So war die Feldgemeinschaft der Bauern, das Verfügungsrecht der Bauerngemeinde über das Bauernland, eine der Grundlagen der feudalen, auf die Leibeigenschaft gegründeten Wirtschaft in Rußland.

Die Aufhebung der Leibeigenschaft änderte an diesem Zustand wenig. Auch in Zukunft sollte der Mir sowohl für die Staatssteuern als auch für die den Bauern auferlegten Ablösungsgelder an die Gutsherren haften. Auch in Zukunft mußte daher dem Mir die Verfügung über das Bauernland, auf dem Steuern und Ablösungszinse lasteten, überlassen bleiben. Das Bauernland, das nach dem Gesetz von 1861 den Bauern ausgewiesen war, fiel daher nicht den einzelnen Bauern, sondern dem Mir zu; ihm blieb es überlassen, die Nutzung des Landes durch die einzelnen Bauernfamilien zu regeln.

Der Mir verteilte das Bauernland auf die einzelnen Familien nach der Zahl ihrer „Seelen", nach der Zahl der „Esser" oder der Arbeitskräfte. Aber die einzelne Familie erwarb durch die Zuteilung kein festes, dauerndes Recht am Boden. Immer wieder — in der Regel nach je 12 bis 18 Jahren — wurde der Boden neu aufgeteilt, die Landanteile der Familien, deren Seelenanzahl überdurchschnittlich gewachsen war, wurden vergrößert, die anderen Familien mußten sich die Kürzung ihrer Landanteile gefallen lassen. So hat die Bauernbefreiung in Rußland nicht individuelles Grundeigentum, nicht einmal festes, dauerndes individuelles Nutzungsrecht am Boden begründet, sondern das Verfügungsrecht der Bauerngemeinde über das gesamte Bauernland, die periodische Neuaufteilung des Bodens auf die Bauern nach dem Prinzip des gleichen Rechtes aller auf einen Landanteil aufrechterhalten. Sie wurden aufrechterhalten, um für die Ansprüche der Gutsherren auf den Ablösungszins die Gesamtheit aller Bauern haftbar zu machen. Die kommunistische Feldgemeinschaft diente der Sicherung der feudalen Geldrente.

Wo Privateigentum am Grund und Boden besteht, vererbt der Bauer sein Gut einem seiner Söhne; die anderen Kinder des Bauern müssen weichen, sie werden zu Proletariern, sie müssen sich in der Landwirtschaft oder in der Industrie als Lohnarbeiter verdingen. Mit dem Wachstum der Bevölkerung löst sich aus dem Dorf ein landloses Proletariat heraus. Anders im russischen Dorfe. Jedes dem Mir geborene Kind erwirbt durch seine Geburt Anspruch auf einen Landanteil. Je mehr Kinder eine Familie hat, 13 desto größeren Landanteil | wird sie bei der nächsten Neuverteilung des Bodens bekommen. Das Wachstum der Bevölkerung führt hier nicht zur Loslösung landloser Proletarier aus dem Dorfe, nicht zur Scheidung des Nachwuchses der Bauernschaft in grundbesitzende Bauern und landlose Proletarier, sondern nur dazu, daß der Landanteil, der auf jede „Seele" im Mir entfällt, in demselben Maße verkleinert werden muß, als die Zahl der Seelen im Dorfe steigt. Man hat darum die Feldgemeinschaft als eine Schutzwehr gegen die Entstehung eines Proletariats gerühmt; in Wirklichkeit sie nur die Bauern selbst proletarisiert.

Waren die Bauern schon bei der „Bauernbefreiung" ganz unzulänglich mit Land ausgestattet worden, so mußte der auf jede „Seele" entfallende Landanteil infolge der Vermehrung der Bevölkerung der Dorfgemeinden von Jahrzehnt zu Jahrzehnt verklei-

nert werden. Von 1861 bis 1905 ist die bäuerliche Bevölkerung
auf weit mehr als das Doppelte, von 45 auf beinahe 100 Millionen
Seelen angewachsen; Hand in Hand mit dieser Bevölkerungsver-
mehrung ging die Verkleinerung der Landanteile der einzelnen
Bauernfamilien. Im Reichsdurchschnitt betrug der Landanteil eines Bauernhofes im Jahre 1861 4,8 Deßjatinen, im Jahre 1880 nur
noch 3,5, im Jahre 1900 nur mehr 2,6 Deßjatinen.[6] Es versteht sich,
daß so winzige Landanteile nicht zureichen konnten, die Bauernfamilien zu ernähren. Das gleiche Recht aller auf Bodennutzung
konnte nichts anderes mehr bedeuten als den allgemeinen Hunger, die allgemeine Not, Kulturlosigkeit, Barbarei.

Aber die Feldgemeinschaft führte nicht nur zu fortschreitender
Verkleinerung der individuellen Landanteile, sie hinderte die
Bauern zugleich auch, durch den Übergang zu rationellerer und
intensiverer Bewirtschaftung den Ertrag ihrer Landanteile zu
vergrößern.

Die Solidarhaftung aller Mitglieder der Bauerngemeinde für
die Steuern und Abgaben jedes einzelnen lähmte die Arbeitsener-
gie der Bauern: der tüchtigere Wirt konnte täglich für die Steuer-
oder Bodenzinsschulden seines untüchtigen, faulen, dem Trunk
ergebenen Nachbarn haftbar gemacht werden. Die periodischen
Neuaufteilungen des Bodens machten größere Meliorationen, die
sich erst in längerer Zeit bezahlt machten, unmöglich; wer wollte große Aufwendungen zur Bewässerung oder Entwässerung
eines Bodens machen, der ihm bei der nächsten Neuaufteilung
genommen werden konnte? Auch fehlte dem Bauern die Möglichkeit, sich das Kapital für Meliorationen zu beschaffen; da der
Landanteil nicht Eigentum des Bauern war, konnte der Bauer ihn
auch nicht verpfänden, nicht mit Hypotheken belasten. Da dem
Bauern der Hypothekarkredit versperrt war, war er auf den Personalkredit angewiesen. Brauchte er Notstandsdarlehen, so war
er dem infamsten Wucher ausgeliefert. Meliorationsdarlehen
konnte er sich überhaupt nicht beschaffen. | 14

---

[6] Preyer, Die russische Agrarreform. Jena 1914. Seite 46.

Bei den Neuaufteilungen des Bodens waren die Bauern ängst-
lich darauf bedacht, daß jedes Mitglied der Bauerngemeinde
einen an Größe und Beschaffenheit gleichen Landanteil erhalte.
Ganz wie es einst die alten deutschen Markgenossenschaften getan hatten, zerlegten sie das Bauernland in eine Anzahl von „Ge-
wannen" gleicher Bodenbeschaffenheit und teilten dann jedem
Bauernhof je ein Los in jedem Gewann zu. Jeder Landanteil bestand also aus einer größeren Zahl kleiner, im Gemenge liegender
Landsplitter. Daher war jeder Wirt dem Flurzwang unterworfen;
die Gemeinde schrieb ihm die Art der Bodenbewirtschaftung, insbesondere die Fruchtfolge vor. Das Brachland durfte von allen Ge-
meindemitgliedern als Weideland genützt werden; darum zwang
der Mir alle Bauern, bei der überlieferten Dreifeldwirtschaft zu
bleiben. Der Übergang zu höheren, intensiveren Fruchtfolgen
war unstatthaft.

Je mehr die bäuerliche Bevölkerung wuchs, je kleiner daher
die Landanteile wurden, desto mehr war die Bauernschaft gezwungen, das Ackerland auf Kosten des Weidelandes, den Anbau
von Brotfrucht auf Kosten des Anbaues von Futtermitteln auszudehnen, um sich nur ihr tägliches Brot zu sichern. Mit der
Einschränkung des Weidelandes und des Futtermittelanbaues
mußte auch der Viehstand verkleinert werden. Auf 1.000 Deßjatinen Bauernland entfielen im Jahre 1870 664 Stück, im Jahre
1900 nur noch 602 Stück Arbeitsvieh. Rückgang des Viehstandes
bedeutet Verschlechterung der Bodendüngung, Rückgang des
Bodenertrages, häufigere Mißernten!

Aus allen diesen Ursachen waren die Hektarerträge der bäuerlichen Landwirtschaft überaus niedrig. Im Durchschnitt der
Jahre 1901 bis 1905 betrug der Hektarertrag an Roggen in Rußland
7,4 Meterzentner, in Deutschland 15,6, in England 17, in Belgien
21,3 Meterzentner. Hatte das durch die Feldgemeinschaft festgehaltene Prinzip des gleichen Rechtes aller Nachkommen im Mir
auf gleiche Bodennutzung die Zersplitterung des Bodens in allzu
kleine Landanteile zur Folge, so bewirkte die Feldgemeinschaft
anderseits, daß diese Landanteile, irrationell bewirtschaftet, auch

im Verhältnis zu ihrer Größe nur sehr geringe Erträge abwarfen. Bei der durch die Feldgemeinschaft festgehaltenen extensiven Wirtschaft konnte die Bauernschaft ihre Arbeitskraft auf dem allzu eng gewordenen Anteillande nicht verwerten. Im Jahre 1900 wären nach amtlicher Angabe zur Einbringung der Ernte auf dem allzu eng gewordenen Anteillande 11 Millionen Arbeitskräfte notwendig gewesen, während in Wirklichkeit 44 Millionen arbeitsfähiger Personen zur Verfügung standen. In einer Zeit, in der in der ganzen west- und mitteleuropäischen Landwirtschaft längst die Leutenot herrschte, war im russischen Dorfe eine Überfülle unbeschäftigter Arbeitskräfte. Natürlich konnte der allzu enge, primitiv bewirtschaftete Boden diese überschüssigen Arbeitskräfte nicht ernähren. Im Durchschnitt der Neunzigerjahre blieb der Getreideertrag des Anteillandes um 17 Prozent hinter dem Existenzminimum der Bauernschaft, der Futtermittel- | ertrag um 41 Prozent hinter dem Mindestbedarf der bäuerlichen Viehzucht zurück.[7]

Da die Bauernschaft auf dem Anteillande ihre Arbeitskraft nicht verwerten, sich und ihr Vieh nicht ernähren konnte, war sie gezwungen, durch Bearbeitung des Herrenlandes Erwerb zu suchen. So hatte die Feldgemeinschaft im letzten Grunde dieselbe Wirkung wie der große Raub am Bauernlande im Jahre 1861 und wie die hohe Bemessung der Ablösungsgelder: auch sie zwang die Bauern, trotz der Aufhebung der Leibeigenschaft auch weiterhin den Boden der Herren zu bearbeiten; auch sie hatte die Bestimmung, der Gutsherrenklasse ein wohlfeiles und wehrloses Ausbeutungsmaterial bereitzustellen, die alte bäuerliche Fronpflicht in veränderter Gestalt aufrechtzuerhalten. Der Agrarkommunismus diente dem Feudalismus.

Die große, aus der slawophilen Romantik erwachsene Geistesströmung des russischen Narodnitschestwo, des vor- und antimarxistischen russischen Sozialismus, dessen letzter Nachfahre jetzt die Partei der Sozialisten-Revolutionäre ist, hat den Mir als eine sozialistische Institution angesehen und auf seine Exi-

15

---

[7] Preyer, a.a.O., Seite 47.

stenz die Hoffnung gegründet, Rußland werde auf der Grundlage
der kommunistischen Feldgemeinschaft unmittelbar zu einer
sozialistischen Gesellschaftsordnung aufsteigen können, ohne
durch den Kapitalismus, durch die Epoche der bürgerlichen Eigentumsordnung hindurchgehen zu müssen. In Wirklichkeit war
die Feldgemeinschaft ein Überbleibsel der feudalen Organisation der russischen Landwirtschaft, aufrechterhalten als Garantie
der feudalen Geldrente und der feudalen Fron der Bauern auf
dem Herrenlande. Und je mehr die Bevölkerung wuchs, desto
mehr wurde dieses Überbleibsel des Feudalismus zu einer Fessel
der Produktivkräfte der russischen Landwirtschaft, zu einer der
Ursachen der wirtschaftlichen Armut und damit auch der kulturellen Rückständigkeit Russlands. Diese Fessel der Entfaltung
der Produktivkräfte mußte schließlich durch das Wachstum der
Bevölkerung gesprengt werden. Die Geschichte der russischen Revolution hat, die Illusionen der Narodniki vernichtend, Friedrich
Engels' Voraussage bestätigt, daß der aus der vorkapitalistischen
Epoche überkommene Agrarkommunismus aus sich selbst heraus
nichts anderes entwickeln kann als — seine eigene Zersetzung.[8]

1.3 Der feudale Charakter der russischen Landwirtschaft

DER GRÖSSTE GRUNDBESITZER im vorrevolutionären Rußland
war der Staat. Sein Grundbesitz im europäischen Rußland
betrug nach der Grundbesitzstatistik von 1905 154,7 Millionen
Deßjatinen. Allerdings lag ein großer Teil der Staatsdomänen im
unwirtlichen hohen Norden. Neben diesem Staatsbesitz gab es
16 gewaltige private Lati- | fundien. 27.833 Grundbesitzer verfüg-
ten über mehr als 500 Deßjatinen Bodens. Insgesamt gehörten
diesen Latifundienbesitzern 62 Millionen Deßjatinen, so daß im
Durchschnitt auf jeden dieser Latifundienbesitzer nicht weniger
als 2.227 Deßjatinen entfielen.

Diesem ungeheuren staatlichen und privaten Latifundienbesitz stand der bäuerliche Besitz, in kleine Parzellen zersplittert,

---

[8] Engels, Internationales aus dem „Volksstaat". Berlin 1894, Seite 64 f.

gegenüber. Den größten Teil des bäuerlichen Besitzes bildete der Besitz von Anteilland innerhalb der Feldgemeinschaften. Insgesamt entfielen auf 12,3 Millionen Höfe 136,9 Millionen Deßjatinen Anteilland. Daneben gab es auch bäuerliches Privateigentum an Grund und Boden; doch war seine Ausdehnung unbedeutend. 618.983 Eigentümer mit weniger als 50 Deßjatinen Bodens hatten zusammen 6,5 Millionen Deßjatinen Land.

So stand einem gewaltigen Latifundienbesitz der bäuerliche Besitz gegenüber. Das ganze hundertmillionenköpfige Bauernvolk hatte nur doppelt soviel Bodens als die privaten 30.000 Latifundienbesitzer. Der mittlere Grundbesitz war verhältnismäßig unbeträchtlich. Auf die Besitzkategorie von 50 bis 500 Deßjatinen entfielen 106.065 Eigentümer, die zusammen nur 17,3 Millionen Deßjatinen Bodens besaßen. Die Latifundienwirtschaft drückte Rußland ihr Gepräge auf.

Die Bewirtschaftung des Großgrundbesitzes beruhte bis zum Jahre 1861 auf der Arbeitspflicht der Leibeigenen. Die Agrarreform von 1861 setzte sich, wie wir gesehen haben, das Ziel, die Verpflichtung der Bauern, das Herrenland zu bearbeiten, trotz der Aufhebung der Leibeigenschaft aufrechtzuerhalten. Wir wollen nun zeigen, wie dieses Ziel erreicht wurde.

Die Agrarreform hatte den Bauern so wenig Boden zugeteilt, daß sie vom Ertrag ihres Bodens nicht leben konnten. Die Bauern waren daher gezwungen, Herrenland zuzupachten. Sie pachteten so viel Landes, daß ihr Anteilland und das gepachtete Herrenland zusammen gerade hinreichten, sie und ihr Vieh zu ernähren und so viel Bodenfrüchte zu verkaufen, daß sie mit ihrem Erlös dem Staate die Steuern, dem Gutsherrn die Ablösungsgelder für das Anteilland bezahlen konnten. Dagegen waren die Bauern in der Regel nicht imstande, so viel Bodenfrüchte zu verkaufen, daß sie auch noch den Pachtzins für das gepachtete Herrenland hätten bezahlen können. Da sie den Pachtzins nicht bar bezahlen konnten, verpflichteten sie sich, ihn auf dem Herrenland „abzuarbeiten". Der Bauer bearbeitete also einerseits sein Anteilland und das zugepachtete Herrenland, um sich zu ernähren und Steuern und Ablösungsgelder zu bezahlen; er bearbeitete anderseits das herrschaftliche Land, um damit den Pachtzins für das zugepachtete Herrenland abzutragen.

Vor der Aufhebung der Leibeigenschaft hatten die Bauern einerseits das Bauernland bearbeitet, anderseits auf dem Herrenland Fronarbeit geleistet. Bei der „Bauernbefreiung" wurde den Bauern ein Teil des Bauernlandes geraubt. Da der Rest nicht genügte, sie zu ernähren, mußten die Bauern den Boden, der ihnen eben erst von den | Herren geraubt worden war, von der Herren pachten. Sie waren nun rechtlich nicht mehr zu Frondiensten auf dem Herrenland verpflichtet; tatsächlich aber mußten sie nach wie vor den Acker des Herrn bearbeiten. Die Arbeit auf dem Herrenland, zu der sie früher auf Grund ihrer Leibeigenschaft gezwungen wurden, mußten sie jetzt leisten, um den Pachtzins für den ihnen bei der Aufhebung der Leibeigenschaft geraubten Boden abzutragen. Im Grunde hat sich so durch die Reform nichts geändert als der Rechtstitel: ein Teil des Bodens, der den Leibeigenen zur Nutzung überlassen gewesen war, erscheint jetzt als Pachtland, und die Fronarbeit, die die Leibeigenen auf dem Herrenland hatten leisten müssen, erscheint jetzt als Arbeit zur Abtragung des Pachtzinses.

Zur Zeit der Leibeigenschaft hatten die Leibeigenen den Wald und das Weideland des Herrn genutzt. Durch die Aufhebung der Leibeigenschaft verloren sie jeden Anspruch auf diese Nutzung. Tatsächlich konnten sie aber das Brenn-, Bau- und Nutzholz des herrschaftlichen Waldes, die Nutzung der herrschaftlichen Weide nicht entbehren. Die Herren überließen ihnen auch weiter diese Nutzungsrechte, aber wieder nur gegen die Leistung von Gebühren, die sie auf dem Herrenland „abarbeiten" mußten. Auch hier bleibt in veränderter Rechtsform der wirtschaftliche Inhalt unverändert: aus dem Leibeigenschaftsverhältnis flossen einerseits die Pflicht der Bauern zur Fronarbeit auf dem Herrenland, anderseits die Nutzungsrechte der Bauern an den herrschaftlichen Weiden und Wäldern; nach der Aufhebung der Leibeigenschaft wird dasselbe wirtschaftliche Verhältnis durch „freien" Vertrag

aufrechterhalten: die Bauern sichern sich den weiteren Genuß
der Wald- und Weiderechte, indem sie sich dafür zur Fron auf
dem Herrenland verpflichten.

Der Herr läßt den Leibeigenen, über dessen Arbeitskraft er
verfügt, nicht verhungern, ganz so wie er sein Arbeitsvieh nicht
verhungern läßt. In der Zeit der Leibeigenschaft haben daher
die Herren den Bauern geholfen, wenn die Bauern infolge von
Mißernten oder Elementarereignissen in Not gerieten. Die Aufhebung der Leibeigenschaft hat das persönliche Verhältnis zwischen dem Gutsherrn und den Bauern zerrissen. Hatten aber die
Bauern im Winter oder Frühjahr nach einer schlechten Ernte
keine Lebensmittel für ihre Familien, kein Futter für ihr Vieh
mehr, blieb ihnen auch nach der Aufhebung der Leibeigenschaft
nichts anderes übrig, als sich Brotfrucht und Futtermittel vom
Gutsherrn auszuborgen und sich zu verpflichten, das Naturaldar-
lehen im Sommer auf den Feldern des Herrn „abzuarbeiten". War
vor 1861 die Notstandsaushilfe des Herrn die selbstverständliche,
durch sein eigenes Interesse diktierte Gegenleistung für die Fronarbeit der Bauern, so muß nach 1861 die Notstandsaushilfe durch
vertragsmäßige Übernahme von Frondiensten erkauft werden.
Der Rechtstitel der Fronarbeit ist geändert; die Fronarbeit selbst
bleibt. | 18

Das Herrenland wird also nach der Aufhebung der Leibeigenschaft in der Weise bewirtschaftet, daß ein Teil den Bauern verpachtet, der andere Teil aber von den Bauern bearbeitet wird, die
auf ihm die Pachtzinse für das gepachtete Land, die Nutzungsge-
bühren für Wald und Weide und die herrschaftlichen Notstandsdarlehen „abarbeiten". Beide Formen der Bewirtschaftung tragen
noch wesentlich vorkapitalistische, feudale Merkmale.

Der Bauer muß das Herrenland zupachten, weil er vom Ertrag
seines Anteillandes nicht leben kann. Der Wettbewerb der pacht-
bedürftigen Bauern treibt die Pachtzinse empor. Da der Bauer den
Pachtzins nicht bezahlt, sondern „abarbeitet", ist die Höhe der
Pachtzinse nicht durch den Bodenertrag, nicht durch die Preise
der Bodenfrüchte und der Arbeitsmittel begrenzt, sondern durch

die Menge überschüssiger Arbeitskraft, die im Bauerndorf vorhanden ist und auf dem Anteilland nicht verwertet werden kann. Die Rente, die der Gutsherr aus der Verpachtung seines Landes schöpft, ist also nicht eine kapitalistische Grundrente, nicht Überschuß des agrikolen Profits über den Durchschnittsprofit, dessen Höhe durch Preise und Produktionskosten bestimmt ist, sondern vorkapitalistische Arbeitsrente, deren Höhe bestimmt ist durch die Menge der verfügbaren überschüssigen Arbeitskräfte.

Ebenso trägt das System des „Abarbeitens" von Geldverpflichtungen auf dem Herrenland noch vorkapitalistische Züge. Das kapitalistische Lohnverhältnis ist dadurch charakterisiert, daß der Kapitalist die Arbeitsmittel, der Arbeiter die Arbeitskraft beistellt. Anders in der „otrabototschnaja sistema", im System des „Abarbeitens". Ganz so wie der fronpflichtige Bauer vor 1861 muß auch der „abarbeitende" Bauer nach 1861 das Herrenland mit seinem eigenen lebenden und toten Inventar bearbeiten. Und die Bewertung dieser Arbeit ist von dem Arbeitsmarkt der freien Lohnarbeit relativ unabhängig. Da der Bauer in der Regel nicht die Wahl zwischen mehreren Gutsherren hat und da er die Leistungen, die „abgearbeitet" werden müssen, nicht entbehren kann, muß er sich mit niedrigerer Bewertung seiner Arbeitskraft bescheiden als der freie Lohnarbeiter. Daher wurde der Taglohn des „abarbeitenden" Bauern in der Regel niedriger berechnet als der Taglohn, den der freie Arbeiter erhielt, obwohl jener mit eigenem, dieser mit herrschaftlichem Inventar arbeitete.[9]

Dieses Bewirtschaftungssystem stand in Wettbewerb mit den kapitalistischen Methoden der Bodenbewirtschaftung: der Gutsherr hatte die Wahl, ob er seinen Boden teils den Bauern verpachten, teils durch „abarbeitende" Bauern bearbeiten lassen oder aber er ihn an kapitalistische Pächter vergeben oder ihn mit eigenem Inventar durch freie Lohnarbeiter bewirtschaften lassen wollte. In den Schwarz-Erde-Gebieten hat der Überschuß der bäuerlichen Bevölkerung, die auf | dem Anteillande weder sich und ihr Vieh ernähren noch ihre Arbeitskraft verwerten

---

[9] Lenin, Agrarnij wopros w Rossij. Moskau 1918. Seite 17.

konnte, die Pachtzinse, die die Bauern boten, so emporgetrieben und die Löhne, mit denen sich die „abarbeitenden" Bauern begnügten, so gedrückt, daß sich die vorkapitalistische, feudale Bewirtschaftungsmethode gegen die kapitalistischen Methoden behauptete. Im Schwarz-Erde-Gebiet war daher das „Abarbeitungssystem" noch am Anfang des Jahrhunderts die vorherrschende Wirtschaftsform.

Aber wenn auch die Rentabilität dieser Bewirtschaftungsmethode größer war als die Rentabilität bei Verwertung der Arbeitskraft freier Lohnarbeiter, so war doch die Produktivität der Arbeit bei diesem Wirtschaftssystem viel kleiner als bei kapitalistischer Landwirtschaft. Die Bauern verwendeten bei der Bearbeitung des Bodens schlechtes Saatgut und schlechte Geräte; sie bearbeiteten das Herrenland noch schlechter als ihr eigenes. Der Durchschnittsertrag einer Deßjatine Herrenlandes betrug, wo es an die Bauern verpachtet wurde, 45 Pud[10]; wo es von „abarbeitenden" Bauern bearbeitet wurde, 50 Pud; dagegen betrug der Deßjatinenertrag des bäuerlichen Anteillandes 54 Pud, des kapitalistisch bewirtschafteten Herrenlandes 66 Pud. Während also der kapitalistische Landwirtschaftsbetrieb einen um 22 Prozent höheren Bodenertrag hatte als das bäuerliche Anteilsland, blieb der Ertrag des Herrenlandes bei vorkapitalistischer Bewirtschaftungsmethode um 7 bis 17 Prozent hinter dem Ertrag des bäuerlichen Anteillandes zurück. Ist der kapitalistische Landwirtschaftsbetrieb der Bauernwirtschaft technisch überlegen, so ist der noch an vorkapitalistischer Arbeitsverfassung festhaltende Großgrundbesitz teilweise noch rückständiger als selbst die primitive russische Bauernwirtschaft.[11] Wie der Fortbestand der Feldgemeinschaft die Entwicklung der Produktivkräfte der bäuerlichen Landwirtschaft verhindert hat, so hat die Fortdauer der feudalen Bewirtschaftungsmethoden auf dem Herrenlande die Steigerung der Produktivität und Intensität der Landwirtschaft auf dem Großgrundbesitz unmöglich gemacht. Beide Ursachen

---

[10] 1 Pud — 16,4 Kilogramm.

[11] Lenin, a.a.O., Seite 20.

wirkten zusammen, die Bodenerträge der russischen Landwirtschaft überaus niedrig, Rußland arm und rückständig zu erhalten.
 Auch in Mitteleuropa hatte schon der Absolutismus die Leibeigenschaft aufgehoben. Aber nur die persönliche Unfreiheit der
Bauern hob er auf; die Verpflichtung der Bauern zu Abgaben und
Frondiensten blieb bestehen. Sie wurde erst durch die Revolution
von 1848 beseitigt. Ähnlich in Rußland. Auch dort hat der Absolutismus zwar die Leibeigenschaft aufgehoben, aber die Obrok-
und Fronpflicht der Bauern, wenngleich in verhüllter Gestalt,
aufrechterhalten. Der Obrok lebte in den Ablösungsgeldern, die
Fronpflicht im „Abarbeitungssystem" fort. Auch hier blieb also
die Befreiung der Bauern | von Form und Abgaben der Revolution
vorbehalten. Diese Revolution mußte kommen: die Entwicklung
der Produktivkräfte mußte die Fesseln der Feldgemeinschaft und
der Fronwirtschaft schließlich sprengen. Und diese Revolution
des 20. Jahrhunderts hatte in Rußland noch die Aufgabe zu lösen, die in Frankreich schon die Revolution von 1789 und 1793,
in Mitteleuropa die Revolution von 1848 gelöst hat: die Bauern
von Fron- und Abgabepflichten zu befreien, die letzten Reste des
Feudalismus zu zerstören, an die Stelle der feudalen Eigentumsordnung und Arbeitsverfassung die bürgerliche Grundeigentumsordnung als Grundlage der kapitalistischen Arbeitsmethoden zu
setzen. Es war die klassische Aufgabe der *bürgerlichen* Revolutionen des 18. und 19. Jahrhunderts, die in Rußland der Revolution
des 20. Jahrhunderts vorbehalten war.

1.4 Industrialisierung und Verelendung

D IE „BAUERNBEFREIUNG" VON 1861 beraubte die Bauern eines
   Teiles des von ihnen genutzten Bodens und sie überlastete
die Bauern mit unerträglich hohen Ablösungszinsen. In einigen
Teilen Rußlands setzten sich die Bauern gegen das „Befreiungs-
werk" zur Wehr. Die Durchführung der Reform löste nicht weniger als 1.100 Bauernaufstände aus, die im Blute der Bauern
erstickt wurden. Ihre Niederwerfung schüchterte die Bauern ein.
Die Ruhe in den Dörfern war wieder hergestellt.

Aber die Bauern litten. Sie mußten einen Teil ihrer Ernte verkaufen, um die hohen Ablösungszinse und Steuern bezahlen zu
können; der Rest genügte nicht, sie zu ernähren. Während die
Getreideausfuhr stieg, herrschte Hungersnot in den Dörfern. Oft
waren die Bauern überhaupt nich imstande, Ablösungszinse und
Steuern zu bezahlen; die Rückstände häuften sich. In den Dörfern
gärte es. Der Russisch-Türkische Krieg von 1878 löste neuerlich
größere Bauernunruhen aus. Diesmal mußte der Zarismus Zuge-
ständnisse machen. Durch die Reformgesetze von 1881 wurden
die den Bauern auferlegten Bodenzinse ermäßigt. Überdies wurde die Ablösung des Bauernlandes, die nach dem Gesetze von
1861 nur mit Zustimmung des Gutsherrn zulässig gewesen war,
nunmehr für obligatorisch erklärt. Das Bauernland wurde Eigentum der Bauerngemeinden, die Gutsherren wurden vom Staat
entschädigt, die Bauern hatten statt der Bodenzinse an den Gutsherrn Zinsen und Annuitäten an den Staat durch 49 Jahre, also,
da die Reform 1883 in Kraft trat, bis zum Jahre 1932 zu zahlen.

Die Ermäßigung der Ablösungsgelder durch die Reform von
1881 beruhigte die Bauern. Auch die niedrigen Preise der Agrarprodukte in den Achtzigerjahren und in der ersten Hälfte der
Neunzigerjahre erleichterten die Lage der Bauernschaft. Denn
infolge der niedrigen Getreidepreise waren die Gutsherren be-
reit, das Herren- | land den Bauern verhältnismäßig wohlfeil zu   21
verpachten oder zu verkaufen. Die Bauernschaft konnte ihren Bodenbesitz durch Zupachtung und Zukauf schnell erweitern. Daher
trat Beruhigung in den Dörfern ein. Die Ruhe der Bauernschaft
in den folgenden anderthalb Jahrzehnten war die soziale Basis
des reaktionären Despotismus Alexanders III. Die revolutionäre
Bewegung der „Narodnaja wolja“, die ihre Hoffnung auf die Bauernbewegung gesetzt hatte, wurde völlig erstickt; die russische
revolutionäre Intelligenz, an der Bauernschaft verzweifelnd, begann ihre Hoffnung auf die industrielle Arbeiterschaft zu setzen
(Gruppe „Oswoboschdenje truda“ 1883).

Aber in den zwei Jahrzehnten äußerer Ruhe, die der Reform
von 1881 folgten, vollzog sich in den Dörfern ein folgenschwe-

rer Differenzierungsprozeß. Einer Minderheit der Bauernschaft
gelang es, ihren Bodenbesitz durch Zupachtung und Zukauf von
Herrenland wesentlich zu vergrößern, den Schwerpunkt ihrer
Wirtschaft von dem kargen Anteilland auf das von ihnen zugepachtete oder zugekaufte Herrenland zu verlegen und dadurch
ihre Wirtschaft zu befestigen. Eine Klasse wohlhabender Großbauern, eine „Dorfbourgeoisie" begann sich zu entwickeln. Auf
der anderen Seite aber begann sich aus dem Dorfe ein Proletariat
herauszulösen. Mit dem Wachstum der Bevölkerung wurden die
Landanteile immer kleiner. Diejenigen Bauern, denen es nicht gelungen war, Herrenland zuzupachten oder zuzukaufen, konnten
sich auf dem Anteilland nicht mehr behaupten. Sie hatten kein
Inventar mehr, es zu bewirtschaften. Sie konnten sich von seinem
Ertrag nicht mehr ernähren. Sie verpachteten ihre Landanteile
ihren Nachbarn, wobei sie sehr oft, statt einen Pachtzins zu bekommen, den Pächter noch bezahlen mußten dafür, daß er das
überlastete Land übernahm; sie selbst wurden Lohnarbeiter, die
ihre Arbeitskraft dem Gutsherrn oder den Großbauern verdangen
oder in die Städte abwanderten. Sie gingen wie „Sachsengänger"
aus den zentralen in die Randgebiete. Sie sammelten sich in den
Städten als individuelles Proletariat.

Krieg Rußland um 1861 noch ein reines Agrarland, so setzte
nach der Aufhebung der Leibeigenschaft der Prozeß der Indu-
strialisierung ein. Der Ausbau der Eisenbahnen verbreitete die
Geldwirtschaft und erweiterte dadurch den inneren Markt der
Industrie. Seit dem Ende der Siebzigerjahre ging der Zarismus
zum Schutzzollsystem über; die junge russische Industrie wurde gegen den ausländischen Wettbewerb immer wirksamer geschützt. Der große industrielle Staatsbedarf, insbesondere der
Bedarf der Heeres- und der Eisenbahnverwaltung, wurde durch
große, schnell wachsende Industriebetriebe befriedigt. Die hohen
Steuern, die zehntausende Kleinbauern zwangen, ihre Landanteile zu verlassen und in der Industrie Arbeit zu suchen, gaben
zugleich dem Staat die Mittel, Industrieprodukte im großen zu
kaufen. Die industrielle Entwicklung, schon in den Achtzigerjah-

ren be- | schleunigt, geriet in den Neunzigerjahren in überaus 22
schnellen Gang. Und diese industrielle Entwicklung veränderte
schließlich auch die Daseinsbedingungen der Bauernschaft.

In großen Teilen der Waldzone hatten die Bauern noch im
Handwerk, in der Heimarbeit und Hausindustrie einen unent-
behrlichen Nebenerwerb gefunden. Die industrielle Entwicklung
raubt ihnen diesen Erwerb: die Kustarigewerbe erliegen dem
Wettbewerb der Fabrik. Der Bauer, des Gelderwerbes, der bisher
den Ertrag der kleinen Wirtschaft ergänzt hatte, beraubt, gerät
in Not, er kann Steuern und Ablösungsgelder nicht mehr aufbrin-
gen, sein Boden, auf dessen Erträge er allein jetzt angewiesen ist,
sichert ihm nicht mehr sein Dasein.

In weiten Gebieten des Südens des europäischen Rußland wird
die Landwirtschaft schnell industrialisiert. Die Zuckerindustrie
und die Spiritusbrennerei beschleunigen den Übergang der Landwirtschaft zu rein kapitalistischen Arbeitsverfahren. Die bäuerliche Pacht und das „Abarbeitungssystem" können hier den Wettbewerb mit der kapitalistischen Landwirtschaft nicht mehr bestehen. Der Gutsherr läßt den Boden mit seinem Inventar durch
freie Lohnarbeiter bewirtschaften oder er vergibt ihn an kapitalistische Pächter, statt ihn an Bauern zu verpachten. Die Bauern
können kein Land mehr zupachten. Sie werden auf die Nutzung
ihres Anteillandes beschränkt, das sie aber nicht ernähren kann.

Dieser Prozeß erfaßt schließlich auch das Schwarz-Erde-Gebiet.
Seit der Mitte der Neunzigerjahre steigen die Getreidepreise auf
dem Weltmarkt. Höhere Getreidepreise ermöglichen intensivere
Bewirtschaftung des Bodens. Die intensivere Wirtschaft fordert
aber den Übergang von der bäuerlichen Pacht zur kapitalistischen Bewirtschaftung im Großbetrieb. Die Bauern des Schwarz-
Erde-Gebietes müssen den Gutsherren immer höhere Pachtzinse
bieten, um überhaupt noch Pachtland zu bekommen.

Von der Aufhebung der Leibeigenschaft bis zum Anfang des
20. Jahrhunderts hat sich das Bauernland durch Zukauf von Herrenland von 116 auf 140 Millionen Deßjatinen, also um etwa ein
Fünftel vergrößert. In derselben Zeit war aber die bäuerliche

Bevölkerung von 45 auf 85 Millionen Seelen, also um etwa 90
Prozent, gewachsen. Während sich die Bauernbevölkerung ver-
doppelte, wuchs das Bauernland nur um ein Fünftel. Diese Entwicklung war nur so lange erträglich, als die Bauern Herrenland
zupachten konnten. Sie mußte zur schwersten Krise führen, sobald infolge der hohen Getreidepreise die Ausdehnung des kapitalistischen Großbetriebes die bäuerliche Pacht zurückdrängte;
sobald die Bauern daher Herrenland überhaupt nicht mehr oder
23   nur zu sehr hohen, schnell steigenden Zinsen pachten konnten. |

Seit dem Anfang des 20. Jahrhunderts ist die Lage der Bauernschaft unerträglich geworden. Seit dem Jahre 1901 setzt eine
Reihe von Bauernaufständen ein, die von den Gouvernements
Poltawa und Charkov ausgehen, bald in dem, bald in jenem Gouvernement ausbrechen und sich, immer wieder blutig niedergeworfen, bis zur Revolution von 1905 immer wiederholen. Aber
diese Bauernaufstände tragen ganz anderen Charakter als die
von 1878 bis 1881. Damals waren die Aufstände gegen die allzu
drückenden Ablösungszinse gerichtet gewesen. Jetzt, bei hohen
Getreidepreisen, sind die an die Stelle der Ablösungszinse getre-
tenen Zinsen- und Annuitätenzahlungen an den Staat nicht mehr
drückend; sie bleiben jetzt hinter den Bodenerträgen weit zurück.
Jetzt richten sich die Bauernaufstände vielmehr gegen die Wei-
gerung der Gutsherren, ihren Boden den Bauern zu verpachten,
oder gegen die hohen Pachtzinse, die die Gutsherren von den
Bauern fordern. Der Bauer stößt sich am Herrenlande, das seiner
Wirtschaft allzu enge Grenzen setzt. Er ist daher nicht mehr wie
1881 durch bloße Ermäßigung der Bodenzinse zu befriedigen,
sondern nur noch durch die Revolution der Grundeigentumsverhältnisse selbst.[12]

Der russische Bauer war nicht Privateigentümer. Das Bauernland war Gemeineigentum, den einzelnen nur auf Zeit und nur zur
Nutzung zugeteilt. So gelangte der russische Bauer sehr leicht

---

[12] Gorn, Krestjanskoje dwischenje do 1905 g. In dem von Markow, Maslow und
Potresow herausgegebenen Sammelwerk „Obschtschestwennoje dwischenje w
Rossij", Petersburg 1909. Band I.

zu der Vorstellung, daß der Boden „niemandes", daß er „Gottes" sei. Sobald der Bauer auf dem Bauernland nicht mehr seine Nahrung finden kann, beginnt sich diese Vorstellung gegen das Privateigentum der Gutsherren zu kehren. Im Bauernvolke keimt die Vorstellung, daß auch der Boden der Gutsherren „Gottes" sei und allen ein gleiches Nutzungsrecht auch an diesem Boden gebühre. So werden die Bauern empfänglich für die sozialistische Propaganda gegen das Privateigentum der Gutsherren.

Anderseits aber lehnt sich der Bauer immer mehr gegen die Herrschaft des Mir, gegen die Feldgemeinschaft, gegen die periodische Neuaufteilung des Bauernlandes auf. Die Feldgemeinschaft macht den reichen Bauern die Intensivierung ihrer Wirtschaft unmöglich. Jede Neuaufteilung kürzt auch dem mittleren Bauern die Landanteile. Sie müssen bei jeder Neuaufteilung Parzellen zugunsten der Dorfproletarier abtreten, die sie, da sie kein Arbeitsvieh und keine Geräte besitzen, gar nicht selbst bearbeiten können, und müssen sie dann von den Proletariern wieder zurückpachten! Noch sinnloser erscheint die herkömmliche Neuaufteilung, wenn der Bauer Boden abtreten muß zugunsten von Angehörigen des Mir, die längst das Dorf verlassen haben, in die Stadt abgewandert sind, dort in der Industrie arbeiten, aber trotzdem den Anspruch auf ihren „Seelenanteil" im Heimats- | 24 dort behalten. Je größer die Bevölkerung, je enger ihr das Bauernland wird, desto heftiger wird der Widerstand der Bauern gegen Neuaufteilungen. Die Feldgemeinschaft gerät in Verfall, die Neuaufteilungen werden seltener, in vielen Dorfgemeinden beschließen die Bauern, den einzelnen Höfen ihre Landanteile „für immer" zuzuteilen.

Während die Bauern sehr willig die sozialistische Forderung aufnahmen, daß der Boden der Gutsherren konfisziert, zum Volkseigentum erklärt werden solle, strebten sie anderseits nach der Auflösung der Feldgemeinschaft, nach freiem, bürgerlichem Eigentum auf dem Bauernland. Der Bauer vertrat gegen das bestehende Privateigentum der Gutsherren den Agrarkommunismus, gegen den bestehenden Agrarkommunismus des Mir das Pri-

vateigentum. So wurde er empfänglich für die Propaganda der
Sozialisierung des Herrenlandes; aber hinter der Phrase von der
Sozialisierung des Bodens barg sich nur sein Streben nach der
Begründung, Befestigung und Vergrößerung seines Privateigen-
tums auf Kosten des Herrenlandes. So konnte die sozialistische
Ideologie zum Instrument der bürgerlichen Revolution, der ge-
waltsamen Begründung der bürgerlichen Grundeigentumsver-
hältnisse werden.

Indessen hat in der Zeit der Bauernunruhen im ersten Jahrfünft
des Jahrhunderts diese Ideologie in den Dörfern eben erst zu kei-
men begonnen. Noch stand die Bauernschaft auf einem überaus
tiefen Kulturniveau; im Jahre 1898 waren noch zwei Drittel der
russischen Soldaten Analphabeten. Noch waren dem russischen
Bauern alle politischen Begriffe fremd; unter dem Druck des Zarismus gab es im Dorf keine Zeitungen, keine Organisationen,
keine Parteien, keine politische Agitation. Der Bauer revoltierte
gegen den einzelnen Gutsherrn oder den einzelnen Beamten; er
führte noch nicht einen Klassenkampf gegen ein Ausbeutungs-
und Herrschaftssystem. Der Bauer war fähig zur lokalen Revolte,
nicht zum Klassenkampf im nationalen Maßstab. Sollte die Bauernschaft die feudale Eigentumsordnung sprengen, so bedurfte
sie eines Führers, der der Bauernbewegung das Signal gab und
das Ziel setzte und damit die lokalen Revolten zur nationalen
Revolution vereinigte und steigerte. Zu diesem Führer wurde der
russischen Bauernschaft das industrielle Proletariat.

Dieselbe Entwicklung, die seit den Neunzigerjahren die Lage
der Bauern empfindlich verschlechtert und dadurch die bäuerliche Masse in Bewegung gesetzt hat, hat die Zahl der industriellen
Proletarier vermehrt, ihr Selbstbewußtsein und ihre Kraft gestärkt. Die hohen Getreidepreise, die dem Bauern das Pachtland
verengerten und die Pachtzinse emportrieben, bereicherten die
russischen Gutsherren und Händler und den russischen Staat
auf Kosten der getreideeinführenden Länder, sie erweiterten den
inneren Markt der russischen Industrie und beschleunigten ihre
Entwicklung. Die Not des Landvolkes beschleunigte die Land-

flucht, die Verwandlung der Proletarier des Dorfes in | Industrie- 25
arbeiter. Das industrielle Proletariat begann, sich als Klasse zu
fühlen. Erschöpfte sich die Arbeiterbewegung der Neunzigerjahre
noch in Lohnkämpfen, so gewann sie seit 1901 politischen Charakter. Erst durch die Entwicklung einer klassenbewußten, revolutionären Arbeiterschaft erhielt der ungeheure, sich in Schmerzen
windende Körper des russischen Landvolkes den Kopf, der den
Riesenkörper beherrschen sollte. Und nur die Beherrschung der
elementaren, rohen, ungeschlachten, aber riesengroßen Kraft
des hundertmillionenköpfigen Bauernvolkes gab der russischen
Arbeiterbewegung schließlich die Wucht, die die ganze feudal-
kapitalistische russische Gesellschaft in Trümmer schlug. | 26

Der soziale Inhalt der russischen Revolution

⌒

2.1 Drei Revolutionen

D ER RUSSISCH-JAPANISCHE KRIEG gab das Zeichen. Die Niederlagen in der Mandschurei lösten die Protestbewegung des
liberalen Adels und der liberalen Bourgeoisie aus. Die Bewegung
steigerte sich zur Revolution, als im Jahre 1905 das Proletariat
auf die Straße trat. Die Riesenstreiks des Proletariats weckten
auch die Bauern. Die Bauernrebellion wälzte sich über das Land.
Mehr als 2.000 Gutshöfe wurden niedergebrannt. Die Eigentümer
wurden verjagt, die Meierhöfe geplündert, Wälder eigenmächtig
abgeholzt. Die Bauern verweigerten die Arbeit auf dem Herrenland, die Zahlung der Zinse und der Steuern. Aber noch trug die
Bauernbewegung nur lokalen Charakter. Der Bauer, der im Dorf re-
bellierte, warf, in die Uniform gesteckt, in der Stadt den Aufruhr
des Proletariats, im Nachbargouvernement den Bauernaufstand
nieder. Die Revolution wurde besiegt. Aber darum war sie nicht
ergebnislos.

Die Stürme von 1905 hatten der ganzen russischen Gesellschaft
die Unhaltbarkeit der russischen Agrarverfassung gezeigt. Alle
Parteien mußten die Erweiterung des bäuerlichen Grundbesitzes
auf Kosten des Herrenlandes auf ihre Fahnen schreiben. Mit ihren
Agrarprogrammen traten sie bei den Dumawahlen vor den bäuerlichen Wähler. Der Bauer mochte wenig davon verstehen, was
sie von „Nationalisierung" und „Munizipalisierung", von „Expropriation" mit oder ohne Entschädigung sprachen. Aus alledem
las er nur eines heraus: Aufteilung des großen Grundbesitzes auf

die Bauern! Die elementar, instinktiv aus der Not der Bauern erwachsene Forderung verdichtete sich zum politischen Programm.
Die Konterrevolution selbst mußte das Agrarproblem zu lösen
suchen. Sie konnte es nicht lösen durch die Expropriation des
Herrenlandes. Sie suchte es zu lösen durch Differenzierung der
Bauernschaft selbst. Sie wollte einen konservativen Bauernstand
schaffen; der Bauer soll das Privateigentum an seinem Boden
bekommen und ein Teil der Bauernschaft mit Land so reichlich
ausgestattet werden, daß er, | ähnlich den west- und mitteleuro- 27
päischen Bauern, konservativ, eine Stütze der Bourgeoisie gegen
das Proletariat werde. Das ist das Ziel, das sich die Agrarreform
Stolypins gestellt hat.

Nach den Reformgesetzen von 1906 und 1910 kann jeder Bauer
aus der Feldgemeinschaft austreten und die Überführung seines
Landanteiles in sein Privateigentum verlangen. Dabei erfolgt jedoch die Zusammenlegung (Kommassation): an Stelle der vielen
kleinen Parzellen, aus denen der Landanteil des Austretenden besteht, soll er ein zusammenhängendes, wohlabgerundetes Landgut bekommen. Dieses Landgut wird aus der Feldgemeinschaft
völlig herausgelöst; es ist dem Flurzwang nicht mehr unterworfen
und die Weiderechte der anderen Dorfgenossen an dem ausge-
schiedenen Boden erlöschen.

Die Agrarreform, durch die Gesetzgebung der Konterrevolution angebahnt, wird mit größter Tatkraft in Angriff genommen.
In sechs Jahren, von 1907 bis 1912, wurde für 827.305 Bauernhöfe
ein Gebiet von mehr als 8,4 Millionen Deßjatinen in Privateigentum übergeführt und zusammengelegt. 15 bis 20 Prozent aller
in Feldgemeinschaft befindlicher Bauernhöfe sind so aus dem
Mir ausgeschieden worden.[13] Aber es waren vornehmlich zwei
Kategorien von Bauern, die aus der Feldgemeinschaft austraten:
einerseits waren es die reichen Bauern, die Dorfbourgeoisie, die
nicht länger durch den Flurzwang des Mir an intensiverer Wirtschaft gehindert bleiben wollten, und insbesondere diejenigen,
die erwarten mußten, daß bei der nächsten Neuaufteilung des

---

[13] Preyer, a.a.O., Seite 247, 348.

Bodens innerhalb des Mir ihr Landanteil zugunsten der anderen Dorfgenossen geschmälert werden würde. Anderseits aber lösten die Proletarier des Dorfes ihren Landanteil aus dem Mir heraus: diejenigen, die den Boden mangels eigenen Inventars nicht mehr bestellen konnten, die Witwen und Waisen im Dorfe, die Industriearbeiter und die nach Sibirien Ausgewanderten, die noch einen Landanteil im Heimatsdorf hatten, lösten den Landanteil vom Mir los, um ihn verkaufen zu können; sie verkauften ihn natürlich an die wohlhabenden Bauern im Dorfe. Hat so die Agrarreform die reicheren Bauern vom Mir befreit und zugleich ihren Grundbesitz auf Kosten des Dorfproletariats vergrößert, so hat sie anderseits die Lage der Masse der Bauernschaft doppelt verschlechtert. Einerseits sahen gerade die seelenreichen Bauernfamilien ihren Landanspruch dadurch geschmälert, daß die kinderärmeren Bauernwirte aus der Feldgemeinschaft austraten, um ihren Bodenanteil der künftigen Neuaufteilung zu entziehen. Anderseits wurde die Viehzucht der Masse der Bauern dadurch bedroht, daß die herkömmlichen Weiderechte an dem aus der Feldgemeinschaft ausgeschiedenen Boden aufgehoben wurden. Zugleich wurde die Masse der Bauern durch die Agrarreform in ständiger Unruhe erhalten. Denn so oft ein Bauer aus der Feldgemeinschaft austreten wollte, mußte sein Landanteil kommassiert, mußten also auch die Landanteile der im Mir Verbleibenden neu abgegrenzt werden. |

Dabei gab es natürlich jedesmal erbitterte Kämpfe zwischen den Bauern selbst, vor allem aber zwischen dem Mir und der Agrarbehörde, die von den Bauern beschuldigt wurde, daß sie den Austretenden begünstigt, ihm zu viel oder zu gutes Land zugeteilt habe.

Die Agrarreform der Konterrevolution hätte ihr Ziel erreichen, im russischen Dorf eine konservative Großbauernschaft schaffen können, wenn ihr die Geschichte Zeit dazu gelassen hätte. Aber diese Zeit war ihr nicht gegönnt. Ehe noch das Ziel erreicht sein konnte, brach der Krieg aus, der der Reformarbeit ein Ende setzte. War aber zu Kriegsbeginn das Ziel der großen Agraroperation

nicht erreicht, so hatte dagegen die Operation selbst Unruhe, Unzufriedenheit, Erregung in die Bauernschaft getragen. Der Krieg
traf eine Bauernschaft an, die durch die begonnene Umbildung
der Agrarverhältnisse beunruhigt, über ihre ersten Ergebnisse
erbittert war und deren Glauben an die überlieferte Grundeigentumsordnung zuerst durch die Parolen der Revolution und dann
durch die Praxis der Konterrevolution vollständig erschüttert
war. Diese revolutionierte Bauernmasse hat der Krieg aus der
Abgeschiedenheit der Dörfer herausgerissen, sie in Kompagnien
und Bataillonen organisiert und ihr die Waffen in die Hand gedrückt. So hat der Krieg jene Riesenarmee uniformierter Bauern
geschaffen, die der russischen Bauernschaft unerträglich gewor-
dene Agrarverfassung sprengen, dem russischen Bauern das Herrenland erobern, die Überbleibsel des russischen Feudalismus in
Trümmer schlagen mußte.

   Die Hungerrevolten der Petersburger Arbeiter im Februar 1917
wurden zur Revolution, als sich die Soldaten, die Bauern in Uniform, auf die Seite der Proletarier schlugen. Und diese Revolution
war von der ersten Stunde an beherrscht von den beiden Forderungen, die allein das Bewußtsein des bäuerlichen Soldaten
erfüllten: der Soldat forderte den Frieden; der Bauer forderte das
Land der Herren. Die Provisorische Regierung mußte die Erfüllung dieser Forderungen hinausschieben. Von dem deutschen
Imperialismus bedroht, an den Imperialismus der Weltmächte gekettet, konnte sie nicht Frieden schließen. Und so lange der Krieg
fortdauerte, konnte sie die Agrarumwälzung nicht in Angriff nehmen; denn die Nachricht, daß in den Dörfern die Aufteilung des
Herrenlandes beginne, hätte die Armee an der Front sofort aufgelöst, keine Macht der Welt mehr hätte die bodenhungrigen Bauern im Schützengraben festgehalten. So wartete der bäuerliche
Soldat ein halbes Jahr lang vergebens auf Frieden und Land. Von
Monat zu Monat wurde er ungeduldiger. Er war enttäuscht. Er
glaubte sich betrogen. So wurde er empfänglich für die Propaganda des Bolschewismus, der ihm sofortigen Frieden und sofortige
Landverteilung verhieß. Als sich das Petersburger Proletariat im

Oktober 1917 gegen Kerenski erhob, riß es große Teile der Armee
mit sich, während sich die anderen auflösten und die Soldaten in
ihre Dörfer auseinanderliefen, um bei der Bodenverteilung nicht
29 zu kurz zu kommen. So eroberte das russische Proletariat die |
Macht. Das russische Proletariat konnte seine Herrschaft über
Rußland aufrichten, weil der russische Bauer nur durch seine
Tat, nur aus seiner Hand den Boden der Herren empfangen konnte. Die proletarische Revolution konnte und mußte in Rußland
siegen, weil erst sie hier vollziehen konnte, was in West- und
Mitteleuropa schon die bürgerliche Revolution vollzogen hat:
die Zertrümmerung des feudalen Landwirtschaftssystems; die
Herstellung der bürgerlichen Eigentumsordnung auf dem Lande.

2.2 Die Agrarrevolution

AM 25. OKTOBER (A. ST.) 1918 bemächtigte sich der Petersburger Sowjet der Gewalt in der Hauptstadt. Am folgenden
Tage schon, am 26. Oktober (a. St.) beschloß der allrussische Rätekongreß auf Lenins Antrag ein Dekret, das das Eigentum der
Gutsherren am Grund und Boden für aufgehoben erklärte und
ihren Boden sowie die Staatsdomänen und Kirchengüter den
Agrarkomitees der Bauern zur Verwaltung übergab. Die Verfügung über den Boden wurde dann geregelt durch das vom dritten
Sowjetkongreß beschlossene „Grundgesetz über die Sozialisierung des Bodens".[14] Der Inhalt dieses Grundgesetzes ist aber
nicht durch die Auffassungen der Bolschewiki bestimmt, vielmehr durch die Theorien der linken Sozialisten-Revolutionäre,
die damals mit den Bolschewiki koaliert und innerhalb dieser
Koalition die Wortführer der Bauernschaft waren.

Die revolutionäre Bewegung hat sich in Rußland in einer Zeit
entwickelt, in der in West- und Mitteleuropa nur noch das sozialistische Proletariat eine revolutionäre Klasse war und in der

---

[14] Sobranje Usakonenij, Nr. 25, vom 4. März 1918. — In deutscher Übersetzung in:
„Die Agrargesetzgebung der Sowjetrepublik", herausgegeben vom Generalse-
kretariat zum Studium des Bolschewismus, Berlin 1919, und bei Klibanski, Die
Gesetzgebung der Bolschewiki, 2. Heft der „Quellen und Studie" des Breslauer
Osteuropa-Insituts, Leipzig 1920.

in Rußland selbst schon seit den Neunzigerjahren das sozialistische Proletariat die Vorhut der Revolution bildete. Daher wurde
der Sozialismus zur Ideologie der russischen Revolution. Alle
Parteien, die im revolutionären Kampfe gegen den Zarismus standen, nannten sich sozialistisch und nahmen sozialistische Gedanken und Forderungen auf, auch wenn die realen Bedürfnisse,
die sie ausdrückten, nicht die des Proletariats und die realen
Ziele, für die sie kämpften, von denen des proletarischen Sozialismus sehr verschieden waren. Das gilt auch von der Partei der
Sozialisten-Revolutionäre. Erben des alten Narodnitschestwo,
waren die Sozialisten-Revolutionäre vor 1905 die Ideologen der
russischen Bauernschaft, sie haben seit 1905 in der Bauernmasse
festen Fuß gefaßt, sie sind im Verlauf der Revolution von 1917
wirklich zu Wortführern des revolutionierten Bauernvolkes geworden. In der Partei der Sozialisten-Revolutionäre verkörperte
sich der revolutionäre Kampf der Bauern um die Aufteilung des
Herrenlandes auf die einzelnen Bauern- | wirtschaften; ein Kampf   30
also nicht um die Sozialisierung der Landwirtschaft, sondern
um die Befestigung und Vergrößerung der individuellen bäuerlichen Privatwirtschaft auf Kosten der Grundherrenklasse. Aber
da die Sozialisten-Revolutionäre eine revolutionäre Partei waren,
kleideten sie den Kampf um die Herstellung der bürgerlichen
Eigentumsordnung auf dem Lande in eine sozialistischen Hülle.
Ihr Agrarprogramm war beherrscht von der Illusion, man könne
durch die Herstellung der individuellen Bauernwirtschaften auf
den Trümmern des Großbesitzes den Sozialismus verwirklichen.
Die Expropriation des Herrenlandes zugunsten bäuerlicher Indi-
vidualbetriebe sollte verbunden werden mit der Aufhebung des
Warencharakters des Bodens, mit der Beseitigung der Kapitals-
knechtschaft der Bauern und mit dem Verbot der Lohnarbeit in
der Landwirtschaft. Diese Utopie ging durch das „Grundgesetz"
vom 19. Februar 1918 in die Gesetzessammlung der Sowjetrepublik ein.

„Jedes Eigentum an Grund und Boden", sagt das Grundgesetz,
„wird für immer aufgehoben". Jedes Grundeigentum: also auch

das der Bauern. Eigentümer alles Bodens ist die Gesamtheit des werktätigen Volkes, in deren Namen die bäuerlichen und die städtischen Sowjets über den in ihren Sprengeln gelegenen Boden verfügen. Der Boden wird, soweit er nicht zur Bildung der Sowjetwirtschaften, das heißt Großbetrieben in eigener Verwaltung der Sowjets, zurückbehalten wird, den einzelnen Bauern zur Nutzung gegeben. Anspruch, Land zur Nutzung zu bekommen, hat nur der, der es selbst mit seinen Angehörigen bewirtschaftet; die Beschäftigung von Lohnarbeitern ist verboten und kann mit der Entziehung des Nutzungsrechtes bestraft werden. Die Verteilung des Bodens erfolgt nach der Verbrauchs- und der Arbeitsnorm, nach „Essern" und nach „Händen", gemäß den in den einzelnen Gebieten historisch entwickelten, für die Bodenverteilungen innerhalb des Mir geltenden Regeln. Bei der Aufteilung sollen zunächst die landlosen und landarmen Bauern mit Boden beteilt werden, und zwar so lange, bis ihr Bodenbesitz dem der wohlhabenderen Bauern angeglichen ist, bis die Verschiedenheiten der Besitzgrößen ausgeglichen sind und alle Bauernwirtschaften im Verhältnis zur Zahl ihrer „Esser" und ihrer „Hände" gleichmäßig mit Boden ausgestattet sind. Das nach diesen Grundsätzen verliehene Nutzungsrecht am Grund und Boden ist ein persönliches Recht. Es kann nicht übertragen, nicht verkauft, nicht verpfändet werden und es erlischt mit dem Tod des Nutzungsberechtigten; der Boden fällt an die Volksgesamtheit zurück und ist vom Sowjet neu zu vergeben.

Das Grundgesetz läßt die individuelle Bauernwirtschaft bestehen. Die Bauernwirtschaft bleibt eine selbständige Unternehmung, der Bauer bleibt Warenproduzent, mit der Gesellschaft nur durch Kauf und Verkauf von Waren verbunden. Aber auf dem Boden der Warenproduktion will das Grundgesetz Wirkungen erreichen, die nur durch den Übergang von der individuellen zur 31 gesellschaftlichen Produktion, | von der individuellen Warenproduktion für den Markt zu der sozialistischen Produktion durch und für die Gesellschaft erreicht werden könnten. Darin besteht eben die den Sozialisten-Revolutionären eigentümliche Illusion,

daß sie als Wortführer der Bauernschaft die individuelle bäuerliche Produktion erweitern und befestigen wollten und dadurch
doch Wirkungen erreichen zu können glaubten, die nur innerhalb der sozialistischen Produktion erreichbar wären. Unter dem
Banne dieser Illusion verwickelt sich ihr Grundgesetz in innere
Widersprüche, die es zum Teil überhaupt als undurchführbar
erscheinen lassen, zum anderen Teil aber seine Durchführung
zu der schwersten Fessel der Entwicklung der Produktivkräfte
machen müßten.

Schon die „Sozialisierung" des Bodens, die Übertragung des
Grundeigentums an „das ganze werktätige Volk" ist eine inhalt-
lose Phrase. Individuellen Landwirtschaftsbetrieb, Waren produzierende Bauernwirtschaft vorausgesetzt, würde sie nur dadurch zur Wirklichkeit, daß der Staat den einzelnen Bauernwirtschaften die Grundrente abforderte; daß er also die einzelnen
Liegenschaften mit Bodenzinsen, die nach ihrer Beschaffenheit
und Lage abzustufen wären, belegte; aber die Abführung der
Grundrente an den Staat ist in dem Grundgesetz nicht dekretiert und die Sowjetmacht hätte kein Mittel, sie durchzusetzen.
Die Beschränkung des Nutzungsrechtes auf die Lebensdauer des
Nutzungsberechtigten steht auf dem Papier; die Sowjetmacht
hat zwar die Abschaffung des Erbrechtes dekretiert,[15] aber sie
hat keinen Versuch gemacht, sie gegen die Bauern durchzusetzen. Das Dekret vom 1. Mai 1918 bestimmt ausdrücklich, daß
seine Bestimmungen über die Aufhebung des Erbrechtes auf Bau-
erngüter nicht Anwendung finden, was sinnlos wäre, wenn die
Bestimmung des Sozialisierungsgesetzes, die die Übertragung
des Bodens durch Erbschaft ausschließt, wirklich wirksam geworden wäre. Die Bauern vererben den Boden tatsächlich auf ihre
Kinder; aber die Sowjetmacht kann sie auch daran nicht hindern,
Boden untereinander zu tauschen, zu verkaufen und zu kaufen.[16]

---

[15] Sobranje Usakonenij, Nr. 34, vom 4. Mai 1918. Deutsch bei Klibanski, a.a.O., Seite
151. Vergleiche auch: Die erste Gesetzessammlung der R.G.F.G.R., Petersburg
1919.

[16] Gawronsky, Die Bilanz des russischen Bolschewismus. Berlin 1919. Seite 48.

Der Boden ist also trotz dem Dekret eine Ware geblieben. Das
Verbot der Verpfändung des Bauernlandes hat schon die zarische
Gesetzgebung von 1893 ausgesprochen; es hat den Bauern auf
den Personalkredit beschränkt, ihn dem Wucher ausgeliefert und
die Durchführung von Meliorationen, die Intensivierung der bäuerlichen Wirtschaft unmöglich gemacht. Dieselben Wirkungen
muß das Verbot auch jetzt zeitigen, solange die Sowjets nicht
durch unmittelbare Hilfeleistung in Notfällen und unmittelbare
Zuweisung von den zur Durchführung von Meliorationen erforderlichen Produktionsmitteln den Kredit ersetzen können. Das
32 Verbot der Lohnarbeit ist überhaupt nicht durchführbar; | wo
die Wirtschaft schon intensiver betrieben wird, und in dem Maße als sie intensiviert wird, wird es unhaltbar. Denn intensive
Landwirtschaft ist eine Saisonindustrie, die nicht das ganze Jahr
so viele Arbeitskräfte ernähren kann, als sie in den Wochen des
höchsten Arbeitsbedarfes braucht. Waren produzierende Landwirtschaft kann ohne Lohnarbeit nicht bestehen; man kann nicht
die individuelle Warenproduktion fortbestehen lassen und dabei die Lohnarbeit abschaffen wollen. In der Tat bestimmt das
Dekret vom 20. Mai 1918 über die Organisation der „Dorfarmut",
daß selbst Bauern, die Lohnarbeiter verwenden, das aktive und
das passive Wahlrecht zu den Komitees der Dorfarmut zusteht,
wenn nur der Ertrag ihrer Wirtschaft die „Ernährungsnorm", den
Eigenbedarf nicht übersteigt.[17] Werden im Mai Bauern, die Lohnarbeiter verwenden, noch zur „Dorfarmut" gezählt, so kann wohl
die im Februar dekretierte Abschaffung der Lohnarbeit nicht
durchgeführt sein. So bleibt von der „sozialistischen" Umhül-
lung der Reform nichts bestehen. Ihr wirklicher Inhalt ist nicht
die „Sozialisierung" des Grundbesitzes, sondern die Aufteilung
des Herrenlandes auf die Bauern; nicht die Vergesellschaftung
der Landwirtschaft, sondern umgekehrt die Ersetzung der ver-
gesellschafteten, freilich unter feudalem oder kapitalistischem
Kommando vergesellschaftete Arbeit im Großbetrieb durch die
individuelle Arbeit im bäuerlichen Kleinbetrieb.

---

[17] Sobranja Usakonenij, Nr. 43, vom 18. Juni 1918. Deutsch bei Mibanski, a.a.O.,
    Seite 29.

In dem Widerspruch zwischen dem realen Inhalt und der „sozialistischen" Verbrämung der Agrardekrete offenbart sich der Einfluß der linken Sozialisten-Revolutionäre auf die Agrargesetzgebung der Sowjetrepublik: der Einschlag des alten Narodnitschestwo in der von Marxisten geleiteten Revolution. Aber dieser Einfluß ist kein Zufall. In der Tatsache, daß der Sieg der Bolschewiki es den Sozialisten-Revolutionären ermöglichte, ihr Agrarprogramm als Gesetz zu verkünden, drückt sich aus, daß der politische Sieg des Proletariats der Bauernschaft den Weg gebahnt hat, ihr soziales Ziel zu erreichen. In der Tatsache, daß die Bolschewiki es den Sozialisten-Revolutionären überließen, den Inhalt des Grundgesetzes zu bestimmen, ist ausgedrückt, daß das Proletariat die Macht nur erobern und behaupten konnte, indem es es der Bauernschaft überließ, die Umwälzung der Grundeigentumsverhältnisse nach ihrem Bedürfnis, nach ihrem Willen, selbst nach ihren Illusionen zu vollziehen.

Aber die geschichtliche Bedeutung der Agrardekrete ist von ihren einzelnen Bestimmungen ganz unabhängig. Sie liegt vielmehr ausschließlich darin, daß die Dekrete teils der bereits erfolgten Aufteilung des Herrenlandes die rechtliche Sanktion, teils aber der Bauernschaft das Signal gaben, sich nun endlich auch dort, wo das noch nicht geschehen war, des Herrenlandes zu bemächtigen. Die Besitzergreifung geschah, dem Kulturniveau der ungeschulten, zum großen Teil noch | analphabetischen, vor wenigen Jahrzehnten erst von der Leibeigenschaft befreiten, durch den Krieg verwilderten Bauernschaft entsprechend, elementar, wild, unter großen Zerstörungen und Verwüstungen. Um den Inhalt der Agrardekrete hat sich die entfesselte Masse nicht gekümmert. Die Bestimmungen, gemäß denen zuerst die Landlosen und Landarmen bedacht, die Besitzverschiedenheiten innerhalb der Bauernschaft ausgeglichen werden sollten, blieben wirkungslos. Gerade die reichen und mittleren Bauern rissen den größeren Teil der Beute an sich, nicht nur deshalb, weil sie im Dorf die aktivere, führende Schicht sind,[18] sondern auch darum, weil die

33

---

[18] Preobraschenskij, Krestjanskaja Rossija i sozialism. Petersburg 1918, Seite 6.

Dorfkomitees jedem Bauern zumeist nur so viel Land zuwiesen, als er bewirtschaften kann; die Landarmen und Landlosen daher, weil sie kein oder nur wenig lebendes und totes Inventar besitzen, auch nur weniger Land bekommen konnten. Daß die Aufteilung des Herrenlandes nicht, wie das Grundgesetz es vorschreibt, „auf ausgleichender Arbeitsgrundlage" erfolgt ist, beweist schon die Tatsache, daß gerade in das Jahr nach der Aufteilung die heftigsten Kämpfe zwischen „Dorfbourgeoisie" und „Dorfarmut" fallen. Aber wie wild ungeregelt auch die Aufteilung erfolgt ist, sie ist erfolgt. Damit erst ist der russische Bauer frei geworden von den Fron- und Zinspflichten, die in verhüllter Gestalt die Leibeigenschaft, auf die sie gegründet gewesen waren, um sechs Jahrzehnte überlebt hatten. Damit erst sind die letzten Überbleibsel der Leibeigenschaft, die letzten Reste der feudalen Arbeitsverfassung zerstört. Die vorkapitalistischen Formen der Grundrente sind verschwunden; geblieben ist nur die kapitalistische, im Warenpreis versteckte Grundrente und sie fällt nun dem Bauern selbst als freiem Warenproduzenten zu. Wie immer das Verhältnis des Bauern zum Boden juristisch gedeutet werden mag, ökonomisch ist er der Eigentümer des Bodens, sobald ihm, und ihm allein, die Grundrente zufließt. Wie immer sich die neue Grundeigentumsverfassung „sozialistisch" verkleidet, schafft sie in Wirklichkeit für den Bauern doch bürgerliches Eigentum; denn sie hebt die Mehrwertaneignung nicht auf, sondern eignet dem Bauern den Mehrwert in der Gestalt der Grundrente zu.[19]

Und dem ökonomischen Eigentum wird wohl auch das juristische folgen. Die Feldgemeinschaft ist längst zu einem Hindernis der Entwicklung der Produktivkräfte geworden; die Bauernschaft, die sich schon vor der Revolution gegen die Feldgemeinschaft aufgelehnt, die immer häufiger die Landanteile „für immer" zu-

---

[19] Das staatliche Getreidehandelsmonopol würde daran nichts ändern, selbst wenn es sich gegen den bäuerlichen Schleichhandel durchsetzen könnte. Das Monopol kann durch seine Preispolitik die absolute Grundrente aufheben, aber die Differentialrente, die durch Bodenbeschaffenheit und Lage bestimmt ist, kann es nicht beseitigen. Sie ist vom individuellen, warenproduzierenden Landwirtschaftsbetrieb nicht zu trennen.

geteilt, die periodischen Neu- | aufteilungen eingestellt hat, wird   34
jetzt, da sie viel reichlicher mit Boden ausgestattet ist, erst recht
nach festem und dauerndem Recht an ihrem Boden streben. Und
das Drängen muß desto stärker werden, je intensiver die Bodenbewirtschaftung werden wird. Das Ergebnis einer Agrarrevolution,
die die landwirtschaftliche Arbeit nicht sozialisiert, sondern —
durch die Zertrümmerung der Großbetriebe — individualisiert
hat, kann kein anderes sein als entweder das bäuerliche Privateigentum oder bestenfalls ein ihm sehr nahestehendes dauerndes,
keinen Neuverteilungen unterworfenes, vererbliches Nutzungsrecht am Boden.

Aber diese im Wesen bürgerliche Revolution der Grundeigentumsverhältnisse ist in Rußland nicht, wie in West- und Mitteleuropa, vollzogen worden im Verlauf der bürgerlichen Revolution,
sondern durch die Revolution des Proletariats. Und gerade daraus schöpft die proletarische Revolution ihre Kraft. Denn hat die
Bauernschaft den Boden aus den Händen des als herrschende
Klasse konstituierten Proletariats empfangen, so ist ihr Schicksal
gekettet an das der Proletarierherrschaft. Hinter jeder konterrevolutionären Armee, die die Proletarierrepublik bedroht, fürchtet
der Bauer nun den Gutsherrn, der sich den Boden wieder holt.
Darum ist die Bauernschaft bereit, die Diktatur des Proletariats
gegen jede konterrevolutionäre Bedrohung zu verteidigen. Die
Herrschaft der kleinen proletarischen Minderheit ist geschützt
durch die Furcht des hundertmillionenköpfigen Bauernvolkes
vor der Konterrevolution.

2.3 Der Bauer und der Kommunismus

DER RUSSISCHE BAUER hat bis zur Revolution einen Teil seiner
Ernte verkaufen müssen, um Steuern, Ablösungsraten und
Pachtzinse bezahlen zu können. Nach der Revolution hat er zunächst die Zahlung der Steuern eingestellt; von Ablösungsgeldern und Pachtzinsen befreite ihn die Agrarrevolution. Er war
nicht mehr gezwungen, Bodenfrüchte zu verkaufen. Er nicht ge-
neigt, sie zu verkaufen, da die Stadt ihm als Preis nur entwertetes

Papiergeld, aber keine Industrieprodukte bieten konnte. Die Le-
bensmittelzufuhr in die Städte geriet ins Stocken. Die Sowjets
mußten zu gewaltsamen Lebensmittelrequisitionen schreiten.
Bewaffnete Arbeiterabteilungen wurden in die Dörfer geschickt,
um dort Lebensmittel zu requirieren. Sie stießen auf den bewaffneten Widerstand der Bauern. Hatte der Sieg des städtischen
Proletariats den Bauern das Herrenland zugeeignet, so stellte der
Kampf um die Lebensmittelvorräte die Bauernschaft in schroffen
Klassengegensatz gegen das städtische Proletariat.

In diesem Kampfe suchte das städtische Proletariat Bundesgenossen in den Dörfern selbst. Es unternahm den Versuch, die
„Dorfarmut" gegen die Bauernschaft zu organisieren und sie in
den Dienst der Lebensmittelrequisitionen zu stellen. Die landlosen und landarmen Dorfbewohner, die nicht vom Ertrag ihres
eigenen Bodens leben können, müssen ja ebenso wie das städ-
tische Proletariat von dem Getreide, das | in den Bauernhöfen
angefordert wird, ernährt werden. Sie hoffte man daher in den
Dienst der Verpflegungsorganisation der Sowjets stellen zu können. Nach dem Dekret vom 20. Mai 1918 sollen die proletarischen
und halbproletarischen Schichten des Landvolkes in jedem Dorfe
ein „Komitee der Dorfarmut" wählen. Diese Komitees sollen an
den Getreiderequisitionen der Sowjetbehörden interessiert werden, indem ihnen ein Teil des beschlagnahmten Getreides zur
Verteilung an die Dorfarmut überlassen wird. Auf diese Komitees
hoffte man die Organisation des Verpflegungsdienstes stützen
zu können.

Aber ging dieser Versuch, die Klassengegensätze im Dorfe zu
entwickeln, unmittelbar aus dem Kampf um die Lebensmittel hervor, so gewann er doch im Bewußtsein der Klassen und Parteien eine allgemeinere Bedeutung. Die Bolschewiki hatten es den linken
Sozialisten-Revolutionären ermöglicht und erlaubt, die „Sozialisierung" des Bodens nach ihrem Rezept zu dekretieren. Aber sie
waren völlig frei von den Illusionen der Sozialisten-Revolutionäre.
Sie betrachteten die Aufteilung des Herrenlandes, die Erweiterung und Befestigung der bäuerlichen Privatwirtschaften nicht

als eine Maßregel des Sozialismus, sondern als den notwendigen
Abschluß der bürgerlichen Revolution. Aber sie betrachteten die
durch die Zertrümmerung des Feudalismus hergestellte bürgerliche Grundeigentumsverfassung nur als eine Übergangsstufe, die
in dem Sturm der Revolution verhältnismäßig schnell überwunden werden könne. Glaubten die Sozialisten-Revolutionäre mit
der Aufteilung des Großgrundbesitzes die sozialistische Revolution auf dem Lande abgeschlossen, so glaubten die Bolschewiki,
daß unmittelbar auf diese, von ihnen ganz richtig als bürgerlich
erkannte und bezeichnete Revolution die wirkliche sozialistische
Revolution der landwirtschaftlichen Arbeitsverfassung folgen
könne. Frei von den Illusionen der Sozialisten-Revolutionäre,
verfielen die Bolschewiki in die entgegengesetzte Illusion: sie
glaubten, daß der bäuerliche Kleinbetrieb, der soeben den feudal-
kapitalistischen Großbetrieb besiegt und zerschlagen hatte, nun
in schneller Entwicklung in einen sozialistischen Großbetrieb
übergeführt werden könne.

Zu Grundlagen der sozialistischen Organisation sollten die
landwirtschaftlichen Kommunen werden. Die Instruktion vom
3./16. August 1918 entwirft von der Organisation der Kommunen folgendes Bild: Wer einer Kommune beitritt, entsagt allem
Privateigentum. Alle seine bewegliche und unbewegliche habe,
insbesondere auch sein Haus und Hof, sein lebendes und sein
totes Wirtschaftsinventar, sein Geld gehen in das Eigentum der
Kommune über. Die Leitung der Kommune obliegt der Vollver-
sammlung ihrer Mitglieder und dem von ihr gewählten Rat. Nach
seinen Weisungen wird der Boden der Kommune von ihren Mitgliedern gemeinsam bearbeitet. An die Stelle der individuellen
Bodenbearbeitung im Kleinbetrieb den genossenschaftlichen
Großbetrieb zu stellen, ist die vornehmste Aufgabe der Kommune.
Über den Arbeitsertrag ihrer Mitglieder verfügt die Kommune.
Sie entnimmt ihm vorerst, was zur Deckung der gemeinsamen | 36
Bedürfnisse der Mitglieder erforderlich ist; dabei soll sie bemüht
sein, gemeinsame Wohnstätten, Arbeits- und Unterhaltungsräu-
me, Schulen, Bibliotheken u.s.w. für ihre Mitglieder zu schaffen.

Der Rest des Arbeitsertrages fällt den Mitgliedern der Kommune
zu; muß jeder nach seinen Fähigkeiten für die Kommune arbeiten,
so soll jeder nach seinen Bedürfnissen von ihr beteilt werden.

Der Organisationsplan der Kommune, der eher an eine Ordens-
regel als an einen Plan zur Organisierung einer sozialistischen
Landwirtschaft in nationalem Maßstab erinnert, klingt wie eine
Utopie. Aber so war er nicht gedacht. Denn die Bolschewiki glaubten die Klasse zu sehen, die ihr eigenes Interesse zwingen werde,
die Utopie zu verwirklichen. Massen von Industriearbeitern, in
den Städten arbeitslos geworden, strömten ins Dorf zurück. Auch
sie eigneten sich dort einen Teil des Herrenlandes an; aber sie fanden auf dem Herrenlande keine Höfe, um sich auf ihm als Bauern
anzusiedeln; sie hatten keine Geräte und Gespanne, den Boden zu
bestellen. Wohl aber brachten sie aus der Stadt die in der Fabrik
erworbene Gewöhnung an gesellschaftliche Arbeit und die in der
Revolution entflammte Begeisterung für den Sozialismus mit.
Durfte man nicht hoffen, daß die ins Dorf heimkehrenden Industriearbeiter es vorziehen werden, den Boden gemeinschaftlich
zu bewirtschaften, statt daß jeder einzelne auf dem kleinen Stück
nackten Bodens, das ihm zugefallen ist, den schweren Kampf
um die Aufrichtung einer selbständigen Bauernwirtschaft auf-
nimmt? Im Dorfe selbst war die „Dorfarmut" in ähnlicher Lage.
Auch ihr fehlte es an Inventar, die Parzellen, deren sie sich bei der
Aufteilung des Herrenlandes bemächtigt hatte, zu bewirtschaften. Wird sie es nicht versuchen, sich durch genossenschaftlichen
Zusammenschluß die notwendigen Arbeitsmittel zu beschaffen,
die sich der einzelne nicht beschaffen kann? Und wenn nun der
Staat sie zur Gründung von Kommunen ermutigt, wenn er nicht
einzelnen, wohl aber Kommunen Darlehen gewährt und Inventar
liefert, wird sich die „Dorfarmut" dann nicht gern zu Kommunen
zusammenschließen? Werden die bereits gebildeten „Komitees
der Dorfarmut" nicht die natürlichen Organisatoren der Kommunen sein? Und werden die Dorfproletarier, von denen so viele als
Erd- und Wanderarbeiter Artels, Produktionsgenossenschaften,
gebildet hatten, um gemeinsam ihre Arbeitskraft zu verdingen,

es nicht bald lernen, auch den Landbau genossenschaftlich zu betreiben?

Sind aber erst aus Industriearbeitern und Dorfproletariern Kommunen in großer Zahl gebildet, dann, so hofften manche Enthusiasten, wird es nicht aussichtslos sein, auch die Bauern allmählich in Kommunen hineinzuführen oder hineinzuzwingen. Die Dorfarmut ist bei der Aufteilung des Herrenlandes zu kurz gekommen. Sie ist gegen die Bauern, die den Löwenanteil der Beute an sich gerissen haben, erbittert. Sie strebt nach der abermaligen Revision der Grundeigentumsverhältnisse, nun nicht mehr gegen die Feudalherren, sondern gegen die großen und mittleren Bauern. Sie organisiert sich unter der Führung der Komitees. Wenn es der schon in einer Kom- | mune vereinigten Dorfarmut gelingt, 　37 die Macht im Dorf an sich zu reißen, die Bauern niederzuwerfen, dann kann es gelingen, das ganze Dorf zu einer Kommune zu vereinigen, die Bauern selbst in Mitglieder der Kommune zu verwandeln. Das ungefähr mochten die Hoffnungen derer sein, die glaubten, die eben erst im Gang befindliche bürgerliche Revolution auf dem Lande zu einer wahrhaft sozialistischen Revolution der Grundeigentumsverhältnisse weitertreiben zu können.[20]

Die Bemühungen um die Schaffung landwirtschaftlicher Kommunen waren nicht erfolglos; im Jahre 1918 wurden mehr als 500 solche Organisationen gegründet. Es ist unbestritten, daß viele Kommunen von dem in der „Instruktion" gezeichneten Idealbild weit abwichen; daß manche von ihnen, von der Landwirtschaft unkundigen Idealisten gegründet und geleitet, schnell zusammenbrachen; daß andere kapitalistisch entarteten, Schleichhandel im großen trieben, die benachbarten Kleinbauern als ihre Lohnarbeiter ausbeuteten; daß es in vereinzelten Fällen auch Kapitalisten gelang, unter der Maske von Kommunen kapitalistische Landwirtschaftsbetriebe aufrechtzuerhalten. Alle diese Tatsachen wurden auch von bolschewistischen Schriftstellern fest-

---

[20] Kij, Selskaja kommuna. Petersburg 1918. – Meschtscherjakow, O selskochosajstwennich kommunach. Moskau 1918. – Instrukzii i poloschenja o kommunach. S predislowiem Mitrosanowa. Moskau 1918.

gestellt.[21] Aber wenn man sich vergegenwärtigt, wie völlig eine
Organisation, die den Kommunismus nicht nur der Produktions-,
sondern auch der Konsumtionsmittel restlos zu verwirklichen,
die nicht nur die Arbeit, sondern auch Haushalt und Verbrauch zu
vergesellschaften versucht, den Traditionen und Instinkten des
Landvolkes widerstreitet, darf man die Tatsache, daß innerhalb
weniger Monate mehr als 500 solche Organisationen gebildet werden konnten, dennoch als ein Zeugnis verzeichnen, welch starke
Begeisterung für sozialistische Lebensformen die russische Revolution zu erwecken vermocht hat. Darin erinnert die Bewegung,
aus der die landwirtschaftlichen Kommunen hervorgegangen
sind, in der Tat an jenes Ringen nach höherer, vergeistigterer
Lebensordnung, aus der das christliche Ordenswesen hervorgegangen ist. Aber so wenig die Welt dadurch kommunistisch geworden ist, daß sich mitten zwischen Bürgern und Bauern Klöster
ansiedelten, so wenig kann die russische Landwirtschaft dadurch
sozialistisch werden, daß mitten zwischen Millionen Bauern ein
paar tausend Arbeiter in Gütergemeinschaft leben und ihren Boden gemeinsam bearbeiten.[22] Der Mir hat das russische Landvolk
an das Gemeineigentum am Grund und Boden, aber es hat es
nicht an genossenschaftliche Bearbeitung des Bodens, nicht an
den Kommunismus der Produktion, | des Haushaltes und des Ver-
brauches gewöhnt. Der Gedanke der Kommune ging nicht aus
den Gewohnheiten und Bedürfnissen des Landvolkes selbst hervor; der ganze Feldzug war vielmehr ein Versuch, dem Landvolk
von oben her, von der Stadt aus eine ihm unvertraute, seinen
Gewohnheiten und seinen Bedürfnissen widerstreitende Organisation seines Lebens zu oktroyieren. Der Dorfarmut lag der
Kommunismus nicht näher als der besitzenden Bauernschaft;
was ihr im Sinne lag, war nicht der Kommunismus, sondern die
Neuaufteilung des Bodens und des Inventars zu ihren Gunsten.

38

---

[21] So von Meschtscherjakow, a.a.O., Seite 9 f. – Von dem Bolschewismus feindlicher
Seite siehe Gawrosko, a.a.O., Seite 48 ff.

[22] Berichte über einzelne Gründungen von Agrarkommunen in den Iswjestja gos.
Kontrolja. Moskau 1918. Nr. 3, Seite 89 ff.

Deshalb mußten die Kommunen vereinzelte Erscheinungen bleiben. Auch wo die Dorfarmut die Macht im Dorf an sich riß und, das von der Stadt her kommende Schlagwort aufgreifend, die „Kommune proklamierte", hat sie in Wirklichkeit in der Regel nicht eine kommunistische Organisation der Landwirtschaft geschaffen, sondern nur den Boden und das Inventar im Dorf neu verteilt.

Überhaupt aber hat sich sehr bald gezeigt, daß die „Dorfarmut" keineswegs jene starke Kraft war, die die Bauernschaft hätte niederwerfen, ihr den Willen der Sowjetmacht hätte aufzwingen können. Wo das Bauernland Eigentum des Mir war und periodisch auf alle Dorfgenossen neu aufgeteilt wurde, hat ja eine zahlreiche Klasse landloser Dorfbewohner überhaupt nicht entstehen können. Wo das russische Bauernhaus überfüllt war, die durchschnittliche Bauernfamilie viel mehr Hände zählte als sie zu beschäftigen vermochte, war für eine zahlreiche Klasse landwirtschaftlicher Lohnarbeiter kein Raum. Aber auch der Großgrundbesitz hat im größten Teil des eigentlichen Rußland nicht allzuviele landwirtschaftliche Lohnarbeiter beschäftigen können; hat er doch den Boden nicht durch Lohnarbeiter beschäftigen können; hat er doch den Boden nicht durch Lohnarbeiter bewirtschaften lassen, sondern an die Bauern verpachtet oder von den Bauern „abarbeiten" lassen. Wohl hatte sich im letzten Menschenalter vor der Revolution die Bauernschaft dadurch differenziert, daß es den einzelnen Bauern in ungleichem Maße gelang, ihren Landanteil durch Zukauf und Zupachtung zu vergrößern; aber die Differenzierung der individuellen Besitzgrößen bewirkt noch nicht eine schroffe Klassenscheidung im Dorfe. Dazu kam noch, daß die Auslese im Dorf nicht eben die wertvollsten Elemente zu „Dorfarmen" machte. Wenn Kamkow, der Führer der linken Sozialisten-Revolutionäre, auf dem Fünften Rätekongreß die Komitees der Dorfarmut geradezu als Komitees von Vagabunden bezeichnete und die Mobilisierung der Dorfarmut gegen die Dorfbourgeoisie als einen Versuch, das Lumpenproletariat gegen die

Bauernschaft aufzubieten, hinstellte[23], so war das gewiß eine
arge Übertreibung. Aber ein Körnchen Wahrheit steckte wohl
darin. Denn wo der Boden periodisch neu aufgeteilt wurde und
jede Familie Anspruch auf gleichen Landanteil hatte, konnte in
unterdurchschnittliche wirtschaftliche Lage in der Regel doch
nur der hinuntersinken, der entweder von außerordentlichen
39 Unglücksfällen betroffen wurde oder aber ein untüchtiger | Wirt
oder ein Säufer war. Im allgemeinen war daher in den Gebieten,
in denen sich die Feldgemeinschaft bis zur Revolution behauptet
hatte, die „Dorfarmut" den Bauern intellektuell und moralisch
kaum gleichwertig. Daher hat auch die Revolution in diesen Gebieten die herkömmliche Rangordnung im Dorfe nicht aufzulösen
vermocht; die wohlhabenderen Bauern verstanden es, sich ihre
Autorität, ihre Führerstellung im Dorfe zu bewahren. Ganz anders
war es in den „Randländern" mit anderer, nichtrussischer Agrarverfassung, wo schon die feudale Agrarverfassung das Landvolk
scharf in Wirte und Arbeiter, in Bauern und Häusler geschieden
hatte; dort, so zum Beispiel in Estland und Lettland, konnte sich
eine starke, selbständige Bewegung der Häusler gegen die Bauern
entwickeln. Aber im eigentlichen Russland war die Dorfarmut
nicht eine hinreichend zahlreiche, hinreichend scharf abgegrenz-
te, nicht eine intellektuell und moralisch, an Organisationskraft
und Initiative hinreichend hochstehende Klasse, als daß sie hätte
die Herrschaft im Dorfe erobern und die bäuerliche Agrarverfassung aus den Angeln heben können.

Der Höhepunkt der proletarischen Offensive gegen die Bauernschaft fällt in das Jahr 1918. Er führte zum vollständigen Bruch
der Bolschewiki mit den linken Sozialisten-Revolutionären. Der
Kampf der Dorfarmut gegen die Dorfbourgeoisie war die soziale Basis, auf der sich der Kampf zwischen den Bolschewiki und
den linken Sozialisten-Revolutionären um die Ratifizierung und
Durchführung des Friedens von Brest-Litowsk entwickelte. Der
heftige Zusammenstoß der beiden Parteien auf dem Fünften Sowjetkongreß, die Ermordung des Grafen Mirbach und der Putsch

---

[23] Ustinow, Kruschenje partij Iljewich Eserow. Moskau 1918. Seite 11.

vom 6./19. Juni 1918 bezeichnen den dramatischen Höhepunkt dieses Kampfes. Aber die Bolschewiki konnten zwar die linken Sozialisten-Revolutionäre niederwerfen und zersprengen, aber sie waren ohnmächtig gegen den stummen, passiven, aber zähen Widerstand der Masse der Bauernschaft. Die Bauern beantworteten die gewaltsamen Lebensmittelrequisitionen mit der Einschränkung des Anbaues; da der Bauer seiner Ernteüberschüsse nicht sicher war, baute er nur noch so viel an, als er selbst verbrauchen konnte. Die Anbauflächen gingen furchtbar zurück; ungeheure Bodenflächen blieben unbebaut. Nicht selten setzten sich die Bauern auch aktiv zur Wehr: sie leisteten den Requisitionskommanden aktiven Widerstand, sie lösten die Komitees der Dorfarmut gewaltsam auf und jagten sie aus den Dörfern hinaus. Die Skeptiker, an denen es auch innerhalb der kommunistischen Partei nie gefehlt hatte, hatten recht behalten. Die herrschende Partei mußte die Offensive gegen die Bauernschaft einstellen.

Seit dem Herbst 1918 ändert sich die Haltung der Sowjetmacht zur Bauernschaft. Immer deutlicher wird die Ansicht ausgesprochen, daß sich die Sowjetmacht nicht behaupten kann, wenn sie nicht auf jedes gewaltsame Vorgehen gegen die Bauernschaft verzichtet und den „mittleren Bauern", das heißt die Masse der Bauernschaft, für sich zu gewinnen versucht. | 40

Während die Verfassung der Sowjetrepublik vom Juli 1918 mit der städtischen Arbeiterklasse nur „das ländliche Proletariat und die arme Bauernschaft" zur Mitherrschaft beruft, ruft man jetzt immer öfter, immer deutlicher den „mittleren Bauern" zur Mitherrschaft und Mitarbeit. Der Sowjetkongreß vom März 1919 sanktionierte diese Maximen. „Nichts kann törichter sein", sagte Lenin auf diesem Kongreß, „als ein gewaltsamer Eingriff in die Sphäre der bäuerlichen Wirtschaft. Nicht die Expropriation des mittleren Bauern ist das Problem, sondern dies, mit den Besonderheiten des bäuerlichen Lebens zu rechnen, vom Bauern selbst die Methoden des Überganges zu einer besseren sozialen Ordnung zu lernen und nicht sie ihm zu kommandieren. In dieser Hin-

sicht, Genossen, haben wir nicht wenig gesündigt."[24] Von diesem
Kongreß an wird in der Tat jeder Versuch eines gewaltsamen Ein-
griffs in die Wirtschaft des Dorfes aufgegeben. Die Sowjetmacht
läßt den Bauern in seinem Dorfe nach seinem Gutdünken schal-
ten. Die Bemühungen, sozialistische Großbetriebe in der Landwirtschaft zu schaffen, werden fortgesetzt; aber sie beschränken
sich jetzt auf die Förderung und Entwicklung der sogenannten
Sowjetwirtschaften. In den dünner besiedelten Gebieten wurden beträchtliche Teile der Staats- und Krongüter nicht auf die
Bauern verteilt. Sie sind Staatseigentum geblieben und werden
von den lokalen Sowjets bewirtschaftet. Die Sowjetregierung bemüht sich jetzt, diese Sowjetwirtschaften zu fördern. Ihre Zahl
darf man sich kaum allzu groß vorstellen: im Februar 1919 soll
es an landwirtschaftlichen Großbetrieben — Sowjetwirtschaften,
Agrarkommunen und Artels zusammen — nicht mehr als 1.510 gegeben haben; seither soll ihre Zahl allerdings auf ungefähr 5.000
gestiegen sein.[25] Immerhin dürften diese staatlichen Großbetriebe in der Landwirtschaft als Träger des technischen Fortschrittes
und als Grundlagen für die Ernährung der Städte eine größere
Bedeutung erlangen können als die Kommunen.

Sehr deutlich ist die veränderte Stellung der Sowjetregierung
zu den Bauern in dem neuen Parteiprogramm der Kommunistischen Partei ausgedrückt, das im Mai 1919 beschlossen wurde. An der Spitze der Forderungen auf agrarpolitischem Gebiet
steht auch in diesem Programm „die Organisation sozialistischer
Großbetriebe in der Landwirtschaft". Aber zu diesem Zweck werden vor allem die Einrichtung von Sowjetwirtschaften und die
staatliche Bestellung von brachliegendem Boden gefordert; die
Kommunen werden nur an letzter Stelle genannt und ausdrücklich als „freiwillige Verbünde von Landleuten zwecks Führung
eines gemeinsamen Großbetriebes" definiert, womit jede zwangsweise Kommunisierung des bäuerlichen Besitzes abgelehnt wird.

[24] Zitiert von Issajew, The nationalisation of industry in Sowjet-Russia. „Justice",
Decembre 11, 1919.
[25] „Russische Korrespondenz", Nr. 2, Jänner 1920.

Das Programm hebt dann hervor, daß „der bäuerliche Kleinbetrieb noch lange fortbestehen wird", und fordert eine Reihe von
Maß- | regeln, die auch jede bürgerliche Partei fordern kann,   41
wie Kommassationen, staatliche Förderung der Verwendung von
Kunstdünger und besserem Saatgut und des Überganges zu vollkommeneren Fruchtfolgesystemen, Meliorationen, Staatshilfe
für landwirtschaftliche Genossenschaften u.s.w. Das Programm
verpflichtet die kommunistische Partei, die Proletarier der Dörfer in Gewerkschaften zu organisieren, aber es will auch „den
mittleren Bauernstand allmählich und planmäßig in die Arbeit
am sozialistischen Aufbau mit hineinziehen". Zu diesem Zweck
müsse die Partei den mittleren Bauern „durch aufmerksames
Eingehen auf seine Bedürfnisse auf die Seite der Arbeiterklasse
herüberziehen, auf seine Rückständigkeit mit geistigen Waffen,
keinesfalls aber mit Unterdrückungsmaßregeln einwirken, in
allen Fällen, wo seine Lebensinteressen berührt werden, eine
praktische Verständigung mit ihm aufstreben und ihm bei der
Wahl der Mittel zur Durchführung sozialistischer Umwandlungen
entgegenkommen."[26]

Der Bolschewismus verhüllt seine Kapitulation vor der Bauernschaft, indem er nur den „mittleren Bauern" zur Mitarbeit ruft,
der „Dorfbourgeoisie" auch jetzt den Kampf ansagt. Aber unter
der Dorfbourgeoisie wird jetzt ganz anderes verstanden als zur
Zeit der Organisierung der „Komitees der Dorfarmut". Damals
stellte man die ganze aufrechte Bauernschaft den Proletariern
und Halbproletariern des Dorfes als Dorfbourgeoisie gegenüber.
Jetzt wird der „mittlere Bauer", das heißt die ganze breite Masse
der Bauernschaft, als Bundesgenosse angesehen und unter der
Dorfbourgeoisie werden nur noch die Wucherer, Zwischenhänd-
ler, Schenker, Güterschlächter verstanden, die der Bauer haßt.
In Wirklichkeit hat der bäuerliche Kleinbetrieb zum zweitenmal
gesiegt. Er hat zuerst die Reste des Feudalismus zerschlagen und
dann den Ansturm des Kommunismus abgewehrt.

---

[26] Das Programm der Kommunistischen Partei Rußlands. Leipzig 1919. Seite 17ff.

Aber gerade auf der Tatsache, daß das Proletariat die Offensive gegen die Bauernschaft rechtzeitig als aussichtslos erkannt
und eingestellt hat, beruht die Festigkeit der Sowjetmacht. Der
russische Bauer ist noch kein „politisches Lebewesen". Nur der
Kampf um das Herrenland hat ihn in den Strudel der Geschichte
hineinzureißen vermocht. Sobald das Herrenland erobert und sobald der neuerrungene Besitz gesichert ist, fällt er wieder in den
Zustand der politischen Indifferenz zurück. Läßt ihn die Sowjetmacht in seinem Dorfe ungeschoren, dann kümmert er sich nicht
darum, was die Sowjetmacht in den Städten treibt. So scheidet
der Bauer aus dem Getriebe der Geschichte aus; er sinkt wieder in
den engen Kreis seiner rein lokalen Interessen, wieder in die Tie-
fe geschichtslosen Daseins zurück. Auf der Bühne der Geschichte
bleibt das Proletariat mit der Bourgeoisie allein. Darauf beruht
die Herrschaft des Proletariats. Und nur wenn die Proletarierherrschaft von der Konterrevolution bedroht ist, hinter deren
42 | Bataillonen der Feudalherr auf sein Landgut zurückzukehren
hofft, dann erhebt sich auch der Bauer, um gemeinsam mit dem
Proletariat den gemeinsamen Feind abzuwehren.

2.4 Das Wesen der Sowjetverfassung

IN IHRER VERFASSUNGSURKUNDE vom 10. Juli 1918[27] stellt sich
die russische Sowjetrepublik als eine Föderation der städtischen und der ländlichen Sowjets dar, die, ausschließlich von
Arbeitern und Bauern gewählt, durch ihre Delegierten die Regierungsgewalt ausüben. Durch die Paragraphen dieser Verfassung,
die alle Ausbeuter fremder Arbeitskraft vom Wahlrecht für die
Sowjets ausschließen, die, wie das Wahlrecht auch die Grundrech-
te der Gewissensfreiheit, der Freiheit der Meinungsäußerung in
Wort und Schrift, der Vereins- und Versammlungsfreiheit nur

---

[27] Konstituzia R.S.F.S.R. Im „Sobranje Usakonenij", Nr. 51 vom 20 Juli 1918. Ein
offiziöser populärer Kommentar: Karpinskij; Tschto takoje sowjetskaja wlas i
kak ona stroitsja? Moskau 1918. In deutscher Sprache Struthahn, Verfassung
der Russischen Sozialistischen Föderativen Räte-Republik. Zürich 1918. Auch
in Grünbergs „Archiv für die Geschichte des Sozialismus", und bei Klibanski,
a.a.O.

den „Werktätigen" zuerkennen, die die Bewaffnung der arbeitenden Massen und die Entwaffnung der Bourgeoisie anordnen, glaubt man den proletarischen Klassenstaat verwirklicht. Darum feiern die einen diese Verfassung als die endlich aufgedeckte, die einzig denkbare Staatsform, mittels deren sich das Proletariat als herrschende Klasse konstituieren, mittels deren es die Ausbeuter gewaltsam niederwerfen, den Sozialismus verwirklichen könne. Darum bekämpfen die anderen diese Verfassung als ein Produkt brutaler Klassenherrschaft, als eine Verletzung der ewigen Prinzipien der Demokratie, als eine Vergewaltigung unantastbarer Menschen- und Bürgerrechte. Aber das Preislied der einen und die Entrüstung der anderen helfen uns nicht, die russische Sowjetverfassung zu begreifen. Denn man versteht sie nicht, wenn man nur die Paragraphen der Verfassungsurkunde auslegt und beurteilt. Wie jede andere Verfassung ist auch die der Sowjetrepublik nur ein Niederschlag der Machtverhältnisse zwischen den Klassen. Ihre Wirksamkeit ist wie die jeder anderen Verfassung von den Machtverhältnissen zwischen den Klassen abhängig, sie wird durch jede Verschiebung dieser Machtverhältnisse verändert. Wenn wir die Sowjetverfassung wirklich verstehen wollen, müssen wir sie in Beziehung setzen zu dem Mechanismus der gesellschaftlichen Kräfte innerhalb des heutigen Rußland.

Das oberste Organ der Sowjetrepublik ist der Allrussische Rätekongreß. Er wählt den Allrussischen Zentralen Vollzugsausschuß, der die Gesetze gibt und den Rat der Volkskommissäre wählt. Der Allrussische Rätekongreß besteht aus Vertretern der städtischen Sowjets, die je einen Abgeordneten auf 25.000 *Wahlberechtigte* entsenden dürfen, und aus Vertretern der Gouvernements-Sowjet- | 43 Kongresse, die je einen Abgeordneten auf 125.000 *Einwohner* entsenden dürfen. Die städtischen Sowjets werden unmittelbar von den wahlberechtigten Arbeitern gewählt. Die Gouvernements-Sowjet-Kongresse dagegen gehen aus unmittelbaren Wahlen hervor. Und zwar besteht jeder Gouvernements-Sowjet-Kongreß aus Vertretern der städtischen Räte, die auf je 2.000 Wahlberechtigte einen Vertreter wählen, und aus Vertretern der Distrikträte-

versammlungen, die auf je 10.000 Einwohner einen Vertreter
schicken dürfen. Diese Distriktsversammlungen bestehen aus
Vertretern der Dorfräte, und zwar kann jeder Dorfrat ein Zehntel
seiner Mitglieder zur Distriktsversammlung entsenden. Dieses
ganze komplizierte Wahlsystem enthält eine wesentliche Ver-
günstigung der städtischen Räte gegenüber den Dorfräten. Die
städtischen Räte wählen unmittelbar ihre Abgeordneten zum
Allrussischen Rätekongreß und sie nehmen überdies durch ihre Vertreter an den Gouvernements-Sowjet-Kongressen teil, die
gleichfalls Abgeordnete zum Allrussischen Rätekongreß wählen.
Die städtischen Räte sind also im Allrussischen Rätekongreß doppelt vertreten. Diese Doppelvertretung bedeutet natürlich ein
Pluralwahlrecht der städtischen Räte gegenüber den Dorfräten,
der Industriearbeiter gegenüber den Bauern.

Aber das zahlenmäßige Übergewicht der Bauernschaft gegenüber dem industriellen Proletariat ist in Rußland so groß, daß die
Bauern trotz der Doppelvertretung der Industriearbeiter durch-
aus in der Lage wären, den Allrussischen Rätekongreß zu beherrschen. Würden die Dorfräte das Vertretungsrecht, das die Sowjetverfassung ihnen einräumt, ebenso vollständig ausnützen wie
die städtischen Räte, dann müßte trotz dem Pluralwahlrecht der
Industriearbeiter die überwiegende Mehrheit der Abgeordneten
auf dem Allrussischen Rätekongreß nicht aus Arbeitervertretern,
sondern aus Bauernvertretern bestehen. Die Sowjetverfassung
würde dann nicht die Diktatur des industriellen Proletariats begründen, sondern die Klassenherrschaft der Bauern. In Wirklichkeit ist offensichtlich das Gegenteil der Fall. Die Männer, die den
Rat der Volkskommissäre bilden, stehen den Bauern sehr fern;
sie sind die Führer des industriellen Proletariats. Die auswärti-
ge Politik der Sowjetregierung ist nicht aus der Denkweise des
Muschik zu erklären, dessen Gesichtskreis über die Dorfgemar-
kung nicht hinausreicht; sie ist bestimmt durch die Hoffnungen
des Proletariats auf die Weltrevolution. Die radikale Gesetzgebung der Sowjetrepublik über das Eherecht, über die kirchlichen
Verhältnisse, über das Erbrecht entspricht sicher nicht den An-

schauungen der Bauernschaft, sondern ausschließlich dem Nationalismus des revolutionären städtischen Proletariats. Obwohl also die Sowjetverfassung der Bauernschaft die Möglichkeit gibt, die Sowjetrepublik vollständig zu beherrschen, finden die Anschauungen der Bauernschaft in der Gesetzgebung und in der Politik der Sowjetrepublik — von ihrer Agrargesetzgebung und Agrarpolitik allein abgesehen — überhaupt keinen Ausdruck. Diese Tatsache kann nicht anders erklärt werden als daraus, daß die Bauernschaft die Machtmittel, die die Sowjetverfassung ihr gibt, nicht ausnützt. | 44

Die Masse der russischen Bauern ist noch politisch unorganisiert, ungeschult, uninteressiert. Läßt der Staat sie nur in ihren Dörfern in Ruhe, so kümmert sie sich nicht darum, von wem und wie der Staat regiert wird. Nur kleine Minderheiten des Landvolkes haben stärkeres Interesse an allgemeinen politischen Fragen und stärkere politische Aktivität. Das System der mittelbaren Vertretung, auf dem die Sowjetverfassung beruht, hat nun den Zweck und die Wirkung, nur diese politisch aktiven Minderheiten zum Worte kommen zu lassen. Die Wahl des Dorfrates, der die Verwaltung des Dorfes führt, mag noch die ganze Bauernschaft interessieren. Aber schon die Wahl aus den Dorfräten in die Distriktsversammlungen interessiert die stumpfe Masse der Bauern weniger. Die in das Dorf heimgekehrten Industriearbeiter dagegen und die Bauern, die während des Krieges als Soldaten in der Stadt waren und dort in die revolutionäre Arbeiterbewegung hineingerissen worden sind, verstehen, daß die Distriktsversammlungen die Zellen sind, aus denen sich der Körper des Sowjetstaates zusammensetzt. Sie haben für die Wahl weit mehr Interesse als die Masse der Bauern; und beweglicher, redegewandter als die anderen, setzen sie ihre Entsendung unschwer durch. So sehen schon die Distriktsversammlungen anders aus als die Dorfräte; schon in ihnen sind die aktiven, revolutionären, proletarischen Minderheiten der Dörfer gewiß stärker vertreten als in den Dorfräten. Das wiederholt sich nun erst recht bei der Wahl der Vertreter der Distriktsversammlungen in

die Gouvernements-Sowjet-Kongresse. Den Durchschnittsbauern
interessiert der Gouvernements-Sowjet-Kongreß nicht; was kümmert ihn in seinem Dorfe die ferne Kongreßstadt? Die aktiven
revolutionären Minoritäten der Distriktsversammlungen sind
es, die die Vertreter in die Gouvernements-Kongresse schicken.
Dort treffen sie nun mit den Vertretern der städtischen Räte zusammen, geraten unter ihre geistige Führung, stellen ihnen die
Stimmen bei der Wahl der Abgeordneten der Gouvernements-
Kongresse zum Allrussischen Rätekongreß. So kommt es, daß
auch die Gouvernements-Kongresse in der Regel nicht Reprä-
sentanten der stumpfen, analphabetischen, konservativen Bauernmasse, sondern Vertreter des städtischen Proletariats und
der von ihm geführten Dorfminoritäten zum Allrussischen Kongreß schicken. Dort stoßen dann die unmittelbaren Vertreter der
städtischen Räte zu ihnen. So ist dem städtischen Proletariat die
Herrschaft auf dem Kongreß gesichert. Der ganze Mechanismus
des mittelbaren Vertretungssystems macht die Stärke der Vertretung der einzelnen Schichten von dem Grade ihres politischen
Interesses, ihrer politischen Regsamkeit, ihrer politischen Aktivität abhängig; dadurch wird die politisch uninteressierte, wenig
regsame, wenig aktive Masse der Bauern von der Vertretung aus-
geschlossen und damit die Führung des ganzen „werktätigen"
Volkes dem industriellen Proletariat oder vielmehr der politisch
interessiertesten, regsamsten, aktivsten Schicht des städtischen
45   Proletariats gesichert. |
     Die Wirkungen des mittelbaren Vertretungssystems werden
gesichert durch den Terror. Der Durchschnittsbauer kann sich im
Rahmen des mittelbaren Vertretungssystems nicht durchsetzen,
wenn er nicht Führer findet, die sein Interesse für die Wahlen
der Distrikts- und Gouvernementsversammlungen wecken, seine
Vertreter innerhalb dieser Versammlungen organisieren, seine
Interessen und seine Anschauungen innerhalb der Räte verfech-
ten. Solche Führer bringt die russische Bauernmasse nicht aus
sich selbst hervor. Nur die Intelligenz könnte sie ihr stellen. Aber
die Wirksamkeit der Intelligenz innerhalb der Bauernschaft ist

nicht nur dadurch erschwert, daß die Revolution auch die Intellektuellen als „Burschui" geächtet, das Mißtrauen der Bauern
gegen sie gestärkt hat, sondern vor allem durch den Terror, der
jede größere, auffallendere, gegen die herrschende Partei gerich-
tete Agitation in der Bauernmasse beinahe unmöglich macht. So
bleibt die Bauernschaft führerlos in dem Netz des mittelbaren
Vertretungssystems gefangen. Unfähig, den komplizierten Mechanismus zu handhaben, bleibt sie politisch mediatisiert, des
unmittelbaren Einflusses auf die Regierung der Sowjetrepublik
beraubt.

Stellen wir uns statt der Sowjetrepublik eine demokratische
Republik, statt der mittelbaren Wahlen aus dem Dorfrat zur Distriktsversammlung, aus der Distriktsversammlung zum Gour-
vernementskongreß, aus dem Gouvernemenstskongreß zum Rätekongreß allgemeine unmittelbare Parlamentswahlen, statt des
Terrors volle Freiheit des Wahlkampfes vor, so gewinnen die bäuerlichen Stimmen ein ganz anderes Gewicht. Das Reich wäre in
Wahlbezirke eingeteilt, die im Verhältnisse ihrer Volkszahl eine
feste Zahl von Mandaten zu vergeben hätten; so wäre den Agrargebieten eine im Verhältnis zu ihrer Wählerzahl ebenso starke
Vertretung gesichert wie in den Städten. In den Agrarbezirken
würden durch den Wahlkampf die Massen aufgerüttelt, auch die
in politisch ruhigen Zeiten indifferenten Massen zur Wahlurne
gebracht; so würden nicht die politisch regsamen Minderheiten
in den Dörfern, sondern die Stimmen der breiten Massen der
Durchschnittsbauern die Mandate vergeben. Das Ergebnis wäre,
daß in den Dörfern die aktiven Minderheiten von der Masse der
Bauern, im ganzen Reiche die proletarische Minderheit von der
„kompakten Majorität" der Bauernschaft überstimmt würden.
Diese „kompakte Majorität" würde die Mehrheit der Mandate
vergeben und damit über die Regierung des Reiches entscheiden.
Die Sowjetverfassung beraubt die „kompakte Majorität" dieser
Macht. An die Stelle der allgemeinen, die Massen aufrüttelnden
Volkswahl tritt die mittelbare, stufenweise, nur von den Vertrau-
ensmännern der Massen durchgeführte, die Massen selbst nicht

aufrüttelnde Wahl in den einzelnen Räten. Der Wahlkampf wird aus den Volksversammlungen in die Versammlungssäle der Räte verlegt und durch den Terror beengt. Er vollzieht sich ohne allgemeine Teilnahme der Volksmassen, aber unter desto stärkerem Einfluß der aktiven Minoritäten. Daher wird die Vertretung der einzelnen Wählerschichten in den Vertretungskörperschaften
46   nicht | mehr durch die Masse dieser Wählerschichten bestimmt, sondern durch den Grad ihrer politischen Regsamkeit. Und damit wird die am wenigsten regsame von allen Wählerschichten, die Bauernschaft, von der Entscheidung tatsächlich ausgeschaltet.

Aber nicht die Sowjetverfassung an sich schaltet die Bauernschaft aus, sondern die Unfähigkeit der Bauern, die Rechte, die die Verfassung ihnen einräumt, zu benützen. Der russische Bauer trägt an seinem Leibe noch die Wundmale der Leibeigenschaft, aus der er erst vor sechzig Jahren befreit wurde, um mehr als ein halbes Jahrhundert später als die Bauern West- und Mitteleuropas, um ein halbes Jahrtausend später als das englische Landvolk. Der russische Bauer hat erst jetzt die Fesseln des Zarismus zerbrochen, der ihn im Zustande der Rechtlosigkeit und Unwissenheit erhalten, ihm alle politische Tätigkeit, alle politische Schulung durch Zeitungen, Versammlungen, Organisationen verwehrt hat. Der russische Bauer ist erst durch die Revolution von einer noch halbfeudalen Agrarverfassung befreit worden, die ihn in einem Zustand der drückendsten materiellen und damit auch geistigen Armut erhalten hat. So ist der russische Bauer politisch unwissend, ungeschult, unorganisiert, uninteressiert. Nur deshalb ist er nicht imstande, sich die Sowjetverfassung dienstbar zu machen. Nur die Kulturlosigkeit der russischen Bauern, nur der Zustand der Barbarei, in dem die russischen Bauern leben, macht die Sowjetverfassung zum Mittel der Ausschaltung der Bauernschaft. In dem Maße, als der russische Bauer mit dem Apparat der Sowjetverfassung vertraut wird, weiß er sich auch innerhalb ihres Rahmens stärker zur Geltung zu bringen; jetzt schon wächst offensichtlich der Einfluß der „mittleren Bauern" auf die Sowjetmacht. Würden die russischen Bauern zu Kulturmenschen, die

an dem allgemeinen staatlichen Leben gleiches Interesse näh-
men wie die Städter und ihre Bürgerrechte ebenso auszunützen
verstünden wie die Industriearbeiter, dann würde ihr zahlenmä-
ßiges Übergewicht auch innerhalb der Räteverfassung voll zur
Wirkung kommen und die Sowjetverfassung würde sich, ohne
daß auch nur einer ihrer Paragraphen geändert werden müßte, aus einem Instrument der Diktatur des Proletariats in ein
Instrument der Diktatur der Bauernschaft verwandeln.

Wäre Rußland eine demokratische Republik, so würden die
kulturlosen russischen Bauern zur wehrlosen Beute jedes Schlag-
wortes, jeder Demagogie. Steht die Masse der Wahlberechtigten
noch auf so niedriger Kulturstufe, so ist das allgemeine Wahlrecht, wie das Parteiprogramm der Guesdisten einst sagte, nicht
ein Werkzeug der Befreiung, sondern ein Mittel der Prellerei.
Es würde der Bourgeoisie wahrscheinlich unschwer gelingen,
die Masse der bäuerlichen Stimmen durch den Appell an ihre
Eigentumsinstinkte, an ihre überlieferten Vorstellungen, an ihre Abneigung gegen die Städte, die Habenichtse, die Juden für
ihre Zwecke zu gewinnen. In beinahe allen Parlamenten des Fest-
landes verfügt die Bourgeoisie über die Mehrheit nicht durch
die Zahl der bürgerlichen Wähler, die ja fast überall hinter der | 47
Zahl der proletarischen Wähler weit zurückbleibt, sondern dadurch, daß die bäuerlichen Wähler den bürgerlichen Parteien
Gefolgschaft leisten und ihnen dadurch zur Mehrheit verhelfen.
Ähnliches wäre wohl auch in einem demokratischen Rußland
wahrscheinlich. Der russische Bauer, der im Jahre 1917 binnen
wenigen Monaten den Weg von den Schwarzen Hundert bis zu
den linken Sozialisten-Revolutionären durchlaufen hat, wäre,
nachdem sein Landhunger einmal gestillt ist, vielleicht ebenso
schnell wieder nach rechts zurückgefallen. Er hätte sehr bald
durch die Masse seiner Stimmen entweder die Bourgeoisie in die
Macht gesetzt, wie dies die Bauern West- und Mitteleuropas tun,
oder einen als Retter der bürgerlichen Ordnung auftretenden
Usurpator zur Macht gehoben, wie dies die französischen Bauern
nach 1848 getan haben. Die Sowjetverfassung hat dies verhin-

dert. Sie macht es durch ihren Terror der Bourgeoisie unmöglich, die Bauern für sich zu gewinnen. Sie macht durch das mittelbare Vertretungssystem die Stimmen der Bauern unwirksam und entzieht dadurch der Bourgeoisie die Möglichkeit, sich auf die Stimmen der Bauern zu stützen. Das Proletariat kann Rußland beherrschen, weil die Sowjetverfassung dank der Kulturlosigkeit des russischen Bauern die bäuerliche Masse aus dem Machtkampf ausschaltet und dadurch die gewaltige Kraft ausscheidet, auf die allein sich die Bourgeoisie hätte stützen können.

Als die Bolschewiki mit der Demokratie brachen, konnten sie die Preisgabe der demokratischen Grundsätze nur damit vor den Volksmassen begründen, daß der Staat, um die Ausbeutung zu überwinden zu können, die Ausbeuter wehrlos machen müsse. Deshalb mußte die Sowjetverfassung die Bourgeoisie vom Genuß aller Bürgerrechte ausschließen. Eine oberflächliche Betrachtung sieht nun darin das Wesen des Sowjetsystems. In Wirklichkeit würde es der Bourgeoisie wenig nützen, wenn die Sowjetmacht ihr das Wahlrecht gelassen hätte; ihre eigene Stimmenzahl ist viel zu klein, als daß sie durch sie ihre Herrschaft erhalten könnte. Entscheidend war vielmehr, daß die Proklamation der offenen, brutalen Vergewaltigung der Bourgeoisie Gelegenheit und Rechtfertigung bot für die verhüllte, versteckte Entrechtung der Bauernschaft, deren Stimmen allein der Bourgeoisie Gelegenheit und Rechtfertigung bot für die verhüllte, versteckte Entrechtung der Bauernschaft, deren Stimmen allein der Bourgeoisie hätten zur Herrschaft helfen können. Die Diktatur des Proletariats in Rußland beruht nicht so sehr auf der offenen Vergewaltigung der Bourgeoisie als auf der verhüllten Entrechtung der Bauernschaft.

Das soll natürlich nicht besagen, daß der Bauer in Rußland ohnmächtig sei. In seinem Dorfe ist er vielmehr unbeschränkter Herr. Wir haben gesehen, wie die Sowjetmacht die Offensive gegen das Dorf einstellen, vor dem Dorfe kapitulieren mußte. Aber gerade weil sie dies getan hat, kümmert den Bauern nicht, was außerhalb seines Dorfes vorgeht. Gerade deshalb, weil die Sowjetmacht ihn ungeschoren läßt, hat er kein Interesse daran,

in den Mechanismus der Sowjetmacht einzudringen. Gerade da-
durch, daß die Sowjetmacht den Interessenkreis des Bauern in
Freiheit läßt, gewinnt sie die Freiheit, außerhalb des bäuerlichen
Interessenkreises, von dem Bauern unbeeinflußt und ungestört,
zu schalten. | 48
   Die Sowjetverfassung ist der juristische Ausdruck dieser realen
Verhältnisse zwischen den Klassen. Sie ist die Verfassung, die
dem Kulturzustand einer Nation angemessen ist, deren gewaltige
bäuerliche Mehrheit zwar, durch den Landhunger revolutioniert,
gemeinsam mit dem Proletariat den Herrschaftsapparat des kapitalistischen Staates gesprengt hat und, die Wiederkehr der ent-
eigneten Gutsherren fürchtend, gemeinsam mit dem Proletariat
immer wieder die Konterrevolution abwehrt, aber infolge ihrer
Kulturlosigkeit nicht imstande ist, den mit ihrer Hilfe geschaffe-
nen und verteidigten Staat mitzubeherrschen, sich vielmehr mit
der Autonomie in ihren Dörfern bescheidet, die Herrschaft im
Staate der kleinen proletarischen Minderheit überläßt.
   Ist die Sowjetverfassung also das notwendige Produkt der Machtverhältnisse zwischen den Klassen und der kulturellen Reife der
Klassen der russischen Gesellschaft, so spiegelt sich auch in der
inneren Entwicklung, die die Sowjetverfassung seit der Oktoberrevolution durchgemacht hat, die Klassenlagerung innerhalb der
russischen Gesellschaft.
   Die nächste Aufgabe der Oktoberrevolution war die Zertrümmerung des Herrschaftsapparates des kapitalistischen Staates.
Die Armee und die bürokratische Verwaltung wurden vollständig zerschlagen, Offizierskorps und Bürokratie zersprengt. Damit
war die alte staatliche Organisation vollständig aufgelöst. Die
Macht in den einzelnen Städten und Distrikten fiel von selbst in
die Hände der lokalen Sowjets, die als einzige gesellschaftliche
Organe die Auflösung des staatlichen Macht- und Verwaltungsap-
parates überlebten. Daher war die Selbstherrlichkeit der lokalen
Sowjets zunächst unbeschränkt. Jeder Stadt- und Distriktssowjet
trieb seine eigene Politik. Der eine sozialisierte die Industrie, der
andere ließ sie in den Händen der Kapitalisten. Der eine konzen-

trierte seine Bemühungen auf die Sozialisierung des Kleinhandels, der andere suchte den Güteraustausch zwischen Stadt und Land zu organisieren, ein dritter suchte die Kommunen auf dem Lande durchzusetzen. Jeder Sowjet requirierte auf eigene Faust Lebensmittel auf dem Lande, jeder verbot die Ausfuhr von Lebensmitteln in den Nachbardistrikt, jeder konfiszierte die auf der Eisenbahn durchrollenden Lebensmittel, die für die Ernährung anderer Bezirke bestimmt waren. Die Zentralgewalt der Sowjets stand der elementaren Massenaktion, die sich in der Tätigkeit der lokalen Sowjets ausdrückte, ohnmächtig gegenüber. Rußland war kein Staat mehr, sondern eine sehr lose Föderation lokaler Sowjetgewalten.

Aber dieser Zustand der Anarchie mußte überwunden werden. Ohne eine starke Zentralgewalt war es nicht möglich, eine starke Armee aufzustellen, zu verpflegen und zu bewaffnen, die Ernährung der Großstädte sicherzustellen, die vollständige Zerrüttung der Industrie und des Verkehrswesens zu überwinden. So beginnt denn bald nach der Oktoberrevolution der Kampf um die Durchsetzung der Autorität der zentralen Sowjetmacht gegen
49 die lokalen Sowjets. |

Das erste Mittel dazu ist die Autorität der kommunistischen Partei. Sie hat die Führung in den meisten Sowjets. Und ihre Sowjetfraktionen folgen den Weisungen der Parteizentrale. Der lockere Föderalismus im Staat findet seine Korrektur in dem straffen Zentralismus innerhalb der herrschenden Partei. Der Einfluß der Parteiorganisationen der herrschenden Partei auf die lokalen Sowjets unterwirft die lokalen Sowjets der als zentrale Staatsgewalt organisierten Parteizentrale.

Zu einem weiteren Schritt zwingt der Kampf gegen die Konterrevolution. die „Außerordentliche Kommission zur Bekämpfung der Konterrevolution, der Spekulation und der Amtsdelikte" wurde gegründet und mit unbeschränkten Vollmachten ausgestattet. Diese Kommission schafft sich nun ihren eigenen Apparat: in den einzelnen Gouvernements und Kreisen werden lokale Kommissionen errichtet, die der zentralen Kommission unterstellt sind

und ihrerseits wieder Kommissäre für die einzelnen Städte und
Distrikte bestellen. Die lokalen Kommissionen verfügen über eigene Truppen, über einen Stab von „Kundschaftern", über eigene
Wirtschaftsabteilungen.[28] So entsteht neben der Sowjetorgani-
sation eine gewaltige, mit besonderen, von den lokalen Sowjets
unabhängigen Lokalbehörden ausgestattete Polizeiorganisation,
die ein mit unbegrenzten Vollmachten ausgestattetes Organ der
zentralen Sowjetgewalt ist. Und diese Herrschaftsorganisation
der Zentralgewalt kann sich nun auch gegen die lokalen Sowjets kehren. Sie kann oppositionelle Mitglieder aus den lokalen
Sowjets ausstoßen, lokale Sowjets zersprengen und die Neuwahl
unter dem Drucke ihres Terrors durchführen.

Vor allem aber fordert der Krieg die Stärkung der Zentralgewalt. Der Krieg zwingt die Sowjetregierung, ein starkes, kampffä-
higes Heer aufzustellen. Sie muß daher die Wahl der Führer durch
die Mannschaft abschaffen, die Ernennung der Führer durch das
Oberkommando durchsetzen, die Unterwerfung der Mannschaft
unter die Befehlsgewalt der Führer erzwingen. Es ist lehrreich,
wie man den Arbeitern und Soldaten die Notwendigkeit der Ernennung der Führer durch die zentrale Armeeleitung klarmachen
mußte. „Die Metallarbeiter", sagte Trotsky, „wählen ihre Gewerkschaftsleitung und die Gewerkschaftsleitung ernennt dann die
Schriftführer, Buchhalter, Kassiere. Fragen die Metallarbeiter,
warum die Buchhalter und die Kassiere von der Gewerkschaftsleitung ernennt, warum sie nicht von der Mitgliedschaft selbst
gewählt werden? Nein! Kein vernünftiger Arbeiter stellt diese Frage. Denn die Gewerkschaftsleitung würde antworten: Ihr selbst
habt uns gewählt. Wenn wir euch nicht gefallen, werdet ihr andere an unsere Stelle setzen. Aber solange ihr uns die Leitung
der Gewerkschaft anvertraut, gebt uns die Möglichkeit, die Ange-
stellten zu ernennen. Wir können leichter beurteilen | wen wir   50
als Kassier und als Buchhalter brauchen können. Und wenn wir
es schlecht machen, könnt ihr uns davonjagen und eine neue Ge-

---

[28] O gubernskich i ujezdnich tschreswitschainich kommissiach. „Sobranje usakonenij", Nr. 66 vom 16. September 1918.

werkschaftsleitung wählen. Nun, mit der Sowjetregierung steht
es nicht anders als mit der Leitung einer Gewerkschaft."[29] So
begründet Trotsky zunächst das Recht der Zentralgewalt, die
Führer der einzelnen Bataillone und Kompagnien zu ernennen,
statt sie durch die Mannschaft wählen zu lassen. Aber Trotsky
wendet das Argument sofort auch auf die Zivilverwaltung an.
Auch in diesem Bereiche müsse der Zentralgewalt das Recht zu-
stehen, die „Techniker und Spezialisten", denen die einzelnen
Verwaltungszweige zu übertragen seien, selbst auszuwählen. In
der Tat, in dem Maße, als sich die zentrale Sowjetgewalt in der
Roten Armee ein starkes Machtinstrument schafft, wird sie stark
genug, auch die Zivilverwaltung in den Gouvernements, Kreisen,
Distrikten immer wirksamer unter ihre Kontrolle zu stellen. Sie
entsendet in die einzelnen Verwaltungssprengel ihre Kommissäre und betraut sie mit bestimmten Verwaltungsaufgaben. Neben
und über die lokalen Sowjets treten die von der Zentralregierung
entsendeten Beamten.

Hand in Hand mit der schnell fortschreitenden Zentralisie-
rung des Sowjetregimes geht unvermeidlich seine Bürokratisie-
rung. Die Oktoberrevolution hat den alten bürokratischen Apparat zerschlagen. Die dauernde Befreiung der Gesellschaft von
jeder Bürokratie war die Hoffnung dieser Phase der Revolution,
die Ideologie, die sich auf die tatsächliche Auflösung des alten
bürokratischen Mechanismus aufbaute. Damals schrieb Lenin,
die Mehrzahl der Funktionen der alten Staatsmacht sei so ver-
einfacht worden und könne auf so einfache Operationen, wie
Registrierung, Vermerk, Kontrolle, zurückgeführt werden, daß
diese Funktionen alle Leute, die des Lesens und Schreibens kun-
dig sind, auszuüben imstande sein werden.[30] Man glaubte also,
eine fachlich geschulte Beamtenschaft entbehren zu können. Die
Verwaltungsgeschäfte sollten unmittelbar von den Mitgliedern
der Räte besorgt werden. Die Rätemitglieder sollten sogar untereinander bei diesen Arbeiten abwechseln, damit sie sich nicht in

---

[29] Trotsky, Slowo russkim rabotschim i krestjanam. Petersburg 1918. Seite 25.
[30] Lenin, Staat und Revolution. Berlin 1918. Seite 39.

eine Bürokratie verwandeln. Aber als man von der Zerstörung des
alten Staatsapparates zum Aufbau des neuen gelangte, als man
die elementare Aktion der einzelnen Sowjets in eine geregelte
Staatsverwaltung zu überführen versuchte, als die Notwendigkeit der Regelung und Leitung des ganzen Wirtschaftslebens die
Aufgaben der Verwaltung von Tag zu Tag erweiterte und komplizierte, überzeugte man sich sehr bald, daß die Verwaltung
fachlicher Vorbildung und Erfahrung nicht entbehren kann. Die
Sowjetregierung, die lokalen Sowjets und die wirtschaftlichen Organisationen mußten immer mehr Beamte, „Fachmänner", „Spe-
zialisten und Techniker" in ihren Dienst stellen. Eine neue Büro- | 51
kratie entstand. Auch das Programm der kommunistischen Partei
stellt dies fest: „Die niedrige Kulturstufe der breiten Massen, der
Mangel der von den Massen an verantwortliche Posten gestell-
ten Vertreter an der erforderlichen Praxis im Verwaltungsdienst,
die Notwendigkeit, unter schwierigen Verhältnissen Fachleute
der alten Schule schleunigst heranzuziehen, die Abberufung der
am meisten entwickelten Schicht der städtischen Arbeiter zum
Kriegsdienst, all das führte zum teilweisen Wiederaufleben des
Bürokratismus innerhalb der Räteordnung."[31]

So ist aus der Anarchie, die die erste unmittelbare Folge der
Oktoberrevolution war, in erstaunlich kurzer Zeit eine überaus
starke Zentralgewalt entstanden, die, auf eine Armee und einen
großen bürokratischen Apparat gestützt, die lokalen Sowjets in
bloße Selbstverwaltungskörper verwandelt und sich selbst die
entscheidende Macht im ganzen Reiche gesichert hat. Dank den
Machtmitteln, die der Terror ihr verleiht, ist sie unbehelligt von
jeder offenen, öffentlich wirksamen Opposition, frei von jeder
Kritik einer im öffentlichen Streit der Meinungen sich bildenden
„öffentlichen Meinung". „Die Sowjetkongresse", sagt Radek, „haben dem Rate der Volkskommissäre Vollmachten gegeben, wie sie
noch keine Regierung der Welt gehabt hat".[32] Und dieser gewaltige Herrschaftsapparat ist entstanden als Herrschaftsinstrument

---

[31] Das Programm der Kommunistischen Partei Rußlands. Leipzig 1919. Seite 10.
[32] Radek, Anarchisti i sowjetskaja Rossija. Petersburg 1918.

des Proletariats, das sich ihn geschaffen hat, um mit despotischer Gewalt die Bourgeoisie niederzuhalten und die Macht der Bauernschaft auf ihre enge dörfische Sphäre zu begrenzen.

Aber während so der Herrschaftsapparat des Proletariats anschwillt, schrumpft das Proletariat selbst immer mehr zusammen. Die Zerrüttung des Wirtschaftslebens durch den Bürgerkrieg gibt die städtischen Arbeiter dem Hunger und der Arbeitslosigkeit preis. Die Arbeiter fliehen aus der Stadt auf das Land zurück, wo die Aufteilung des Herrenlandes auch ihnen Gelegenheit gibt, Boden zu erwerben. Die Volkszahl der Städte nimmt schnell ab. Das industrielle Proletariat, eine Minderheit der Bevölkerung Rußlands, wird zu einer immer kleineren Minderheit. Mit der Zerrüttung der Industrie schwindet die reale gesellschaftliche Macht des industriellen Proletariats.[33] Die proletarische Basis droht dem gewaltigen Herrschaftsapparat, der auf ihr aufgerichtet ist, zu schmal zu werden. In dem Maße, als dies geschieht, verliert das Proletariat die Kraft, den von ihm geschaffenen Herrschaftsapparat zu leiten und zu kontrollieren. Die Herrschaftsorganisation der Sowjetbürokratie und der Roten Armee beginnt sich von dem proletarischen Mutterboden loszulösen, sich zu verselbständigen. Sie droht, zu einer selbständigen, über den Klassen stehende Macht zu werden, die nur noch der Idee nach das | Proletariat repräsentiert, in Wirklichkeit aber ihre despotische Gewalt nicht mehr nur über die Bourgeoisie und die Bauernschaft ausübt, sondern auch über Massen des Proletariats selbst. Diese Entwicklungstendenz werden wir am Werke sehen, wenn wir die Sowjetgewalt in ihrer praktischen Wirksamkeit, in ihrer Arbeit am Aufbau der sozialistischen Produktion beobachten.

2.5 Die Nationalisierung der Industrie

JEDER POLITISCHE SIEG DER Arbeiterklasse verändert auch die Machtstellung der Arbeiter in den Betrieben. In dem Augenblick, in dem das Proletariat durch die Oktoberrevolution seine

---

[33] Vgl. Olberg, Briefe aus Sowjetrußland. Stuttgart 1919. Seite 19ff.

Herrschaft über die Bourgeoisie aufgerichtet hat, fühlen sich die
Arbeiter auch in der Fabrik als Herren des Unternehmens. Der
erste Versuch, diese Umkehrung des Herrschaftsverhältnisses
in der Fabrik in Gesetzesform zu gießen, ist das Dekret über die
„Arbeiterkontrolle" vom 16. November 1917. Das Dekret bedeutet
nicht die Sozialisierung der Industrie: der Unternehmer bleibt
Eigentümer des Betriebes und Leiter der Produktion, ihm bleiben
der Profit und das Risiko. Aber die Tätigkeit des Unternehmers
wird unter die Kontrolle der Arbeiterschaft gestellt. Die Arbeiterkontrolle wird ausgeübt in jedem Betrieb durch den Betriebsrat,
in jedem Gouvernement durch den „Rat der Arbeiterkontrolle",
der aus Vertretern der Betriebsräte, der Gewerkschaften und der
Genossenschaften zusammengesetzt wird. In jedem Betrieb hat
der Betriebsrat das Recht, die Geschäftsführung zu überwachen,
in die Handelsbücher und in die Handelskorrespondenz Einblick
zu nehmen und Beschlüsse über die Geschäftsführung zu fassen.
Diese Beschlüsse sind für den Unternehmer verbindlich; er hat
nur das Recht, gegen Beschlüsse des Betriebsrates an den „Rat
der Arbeiterkontrolle" Berufung einzulegen. Dieser entscheidet
endgültig.[34]

Die „Arbeiterkontrolle" mußte die kapitalistische Unternehmung in kürzester Zeit unmöglich machen. Es ist unmöglich, dem
Unternehmer die Funktion der Betriebsleitung, die Berantwor-
tung für die Betriebsergebnisse, das Risiko der Unternehmung
zu belassen und ihn dabei doch bei der ganzen Geschäftsführung
den Beschlüssen des Betriebsrates unterwerfen. Die schwersten
Konflikte zwischen den Unternehmern und den Betriebsräten
waren unvermeidlich. Sie endeten in vielen Fällen damit, daß die
Arbeiter den Unternehmer und die leitenden Betriebsbeamten
aus dem Betrieb hinausjagten und selbst die Leitung des Betriebes
übernahmen. Natürlich fehlte dann den Arbeitern sehr bald das

---

[34] Sobranje usakonenij Nr. 3 vom 8. Dezember 1917. Deutsch bei Klibanski, a. a. O.,
Seite 101. — Sprawotschnik dlja fabritschnich komitetow. Isdanje sowjeta ra-
botschago kontrolja. Moskau 1918. — „Rabotschij kontrol", Organ sowjeta ra-
botschago kontrolja. Moskau 1918.

Kapital zur Führung des Betriebes. Der Staat mußte eingreifen. Die Regierung mußte sich entschließen, den Betrieb zu „nationa-
53 lisieren".|

In den ersten sechs Monaten der Sowjetrepublik erfolgt die Nationalisierung vollständig planlos. Die Regierung will nicht nationalisieren; sie entschließt sich zur Nationalisierung nur unter dem Zwang der elementaren Massenaktion. Die Nationalisierung durch Dekret hinkt hinter der „wilden Sozialisierung" durch die Arbeiter selbst einher. Daher werden nicht ganze Industriezweige nationalisiert, sondern immer nur einzelne Unternehmungen, in denen der Konflik zwischen dem Unternehmer und dem Betriebsrat unlösbar geworden ist. Die Nationalisierung tritt auch der Form nach als Strafmaßregel auf; das Eigentum des Unternehmers wird für verwirkt, weil er die Durchführung des Dekrets über die Arbeiterkontrolle sabotiert habe. Im ganzen wurden bis Ende Mai 1918 513 Unternehmungen nationalisiert, und zwar nur 123 Unternehmungen durch Dekret der Zentralregierung, die übrigen durch Anordnungen lokaler Sowjetbehörden. Die einzelnen Industriezweige wurden von der Bewegung mit verschiedener Kraft erfaßt, am stärksten die Metallindustrie, sehr wenig die Textilindustrie, viele volkswirtschaftlich wichtige Industriezweige, zum Beispiel der Kohlenbergbau, überhaupt nicht.[35]

Mit der Wirtschaftsverwaltung wurden die Volkswirtschaftsräte betraut. Es wurden ein Oberster Volkswirtschaftsrat und lokale Volkswirtschaftsräte in den einzelnen Gouvernements, Kreisen und Distrikten gebildet und aus Vertretern der Sowjetbehörden, der Gewerkschaften und der Genossenschaften zusammengesetzt. Diese Volkswirtschaftsräte sollten nun die Verwaltung der nationalisierten Unternehmungen organisieren. Aber es war ihnen natürlich nicht möglich, für die verschiedenartigen, zusammenhanglosen, aus zufälligen Anlässen nationalisierten Betriebe eine geordnete Verwaltung zu schaffen. Gerieten aber die nationalisierten Betriebe in einen Zustand voller Zerrüttung, so erging es

---

[35] Miljutin, K woprosu o nacionalisacij promischlenosti: „Narodnoje chosajstwo". I. Jahrgang, Nr. 5.

den im Besitz des Kapitals verbliebenen Unternehmungen nicht besser. Denn jede geordnete Unternehmertätigkeit war unmöglich, wo der Unternehmer nie wußte, ob sein Betrieb nicht am nächsten Tage konfisziert werden wird. Der Zustand, in den die Industrie geraten war, war unhaltbar. Man mußte an Stelle der planlosen Nationalisierung eine planmäßige, systematische in Angriff nehmen.

Die Ansichten über Umfang und Art der Nationalisierung waren auch innerhalb der herrschenden Partei geteilt. Schon bei der Vorberatung des Dekrets über die Arbeiterkontrolle waren einander zwei Richtungen gegenübergestanden: eine radikale, syndikalistische Richtung, die den Schwerpunkt der Arbeiterkontrolle in die einzelnen Betriebsräte verlegen und die Kompetenzen der Betriebsräte in keiner Weise begrenzen wollte, und eine gemäßigte, staatssozialistische Richtung, die die Arbeiterkontrolle vornehmlich durch Organe der zentralen Sowjet- | gewalt auszuüben und 54 sie durch das Dekret scharf zu reglementieren und zu begrenzen wünschte.[36] Damals, in den Sturmtagen der Revolution, hatte die radikal-syndikalistische Richtung obsiegt. Bei der Feststellung des Nationalisierungsplanes tauchte derselbe Gegensatz von neuem auf. Die radikal-syndikalistische Richtung forderte die sofortige Nationalisierung aller größeren Betriebe und die Übertragung der Leitung der nationalisierten Industriezweige an die Arbeiter dieser Industriezweige selbst. Die gemäßigte, staatssozialistische Richtung dagegen wünschte die Beschränkung der Nationalisierungsaktion auf wenige, dazu „reife", das heißt auf stark zentralisierte und volkswirtschaftlich besonders wichtige Industriezweige und die Verwaltung der nationalisierten Industriezweige durch die Organe der zentralen Sowjetgewalt.[37] Der Kongreß der Volkswirtschaftsräte im Mai 1918 entschied für einen Mittelweg. Die Nationalisierungsaktion sollte auf einige große Industriezweige beschränkt werden. Die Nationalisierung

---

[36] Popow und Roschkow, Okijabrskij pereworot. Petersburg 1918. Seite 280 f.

[37] Wege, Organisacia narodnago chosaistwa. „Isjestja Gossudartwennago Kontrolja". I. Jahrgang, Nr. 3, Seite 27.

von einzelnen Betrieben sollte nicht mehr erfolgen. Die Verwaltung der nationalisierten Unternehmungen sollte in folgender Weise organisiert werden: Jeder Betrieb wird von einer „Betriebsverwaltung" geleitet, von deren Mitgliedern zwei Drittel vom Volkswirtschaftsrat des Betriebes gewählt werden. Ein Drittel der gesamten Mitgliedschaft der Betriebsverwaltung muß aus technisch und kaufmännisch geschulten Angestellten bestehen. Die Verwaltung des ganzen Industriezweiges wird, je nach den besonderen Umständen, vom Obersten Volkswirtschaftsrat oder vom Volkswirtschaftsrat des Gouvernements organisiert, und zwar wird für jeden Industriezweig eine zentrale Industrieverwaltung gebildet, die aus Vertretern des Volkswirtschaftsrates, der Gewerkschaften und aus Deligierten der Betriebsverwaltungen zusammengesetzt wird. Die einzelnen Betriebsverwaltungen werden der zentralen und der Gouvernementsverwaltung des Industriezweiges unterstellt; insbesondere steht es diesen zu, für die Ernennung der leitenden Betriebsbeamten der Betriebsverwaltung Vorschläge zu machen, sie unter Umständen sogar gegen den Willen der Betriebsverwaltung zu ernennen. Die ganze Verwaltungsorganisation beruht auf allen Verwaltungsstufen auf der gemeinsamen Verwaltung der Industrie durch die Staatsgewalt, die durch die Volkswirtschaftsräte repräsentiert ist, mit den Arbeitern des verwalteten Industriezweiges selbst.[38]

Nun setzte eine planmäßige Nationalisierungsaktion ein. An die Stelle der „strafweisen" Nationalisierung von Einzelbetrieben trat die planmäßige Nationalisierung ganzer Produktionszweige. 55 Aber sehr | bald sah sich die Sowjetregierung abermals gezwungen, weiterzugehen, als sie hatte gehen wollen. Die Arbeiter, Herren im Staate, ertrugen es nicht, beherrscht zu bleiben in der Fabrik. Die Unternehmer, durch die Staatsgewalt der Arbeiterklasse ausgeliefert, vermochten es nicht, die Betriebe zu leiten. Wenige Wochen nach dem Maikongreß der Volkswirtschaftsräte mußte man sich schon entschließen, beinahe die ganze Großindustrie zu nationalisieren. Dies wurde durch das Dekret vom 28. Juni

[38] Resoljucii perwago vseross. sjezda sow. nar. chos. Moskau 1918.

1918 verfügt. War damit beinahe die ganze Großindustrie in die Hände der Sowjetmacht übergegangen, so gewann die Frage der Organisierung der Verwaltung der nationalisierten Industrie die gewaltigste Bedeutung.

Der industrielle Kapitalist steht den Arbeitern in doppelter Eigenschaft gegenüber. Er leitet den gesellschaftlichen Arbeitsprozeß, aber er beutet ihn zugleich aus. Die proletarische Revolution schleudert den Kapitalisten aus dem Betriebe hinaus, um den gesellschaftlichen Arbeitsprozeß von der Ausbeutung zu befreien. Aber damit verliert sie zugleich den Leiter des Betriebes, der die individuellen Arbeiten zusammenfaßt, organisiert, überwacht. Ist die Arbeiterschaft nicht fähig, diese Funktionen der Leitung, Organisierung und Überwachung ihrer Arbeit selbst zu übernehmen, so führt die proletarische Revolution zu vollständiger Zerrüttung und Auflösung des gesellschaftlichen Arbeitsprozesses. Der Masse der Arbeiter gibt der Kapitalismus nicht die Gelegenheit, die zur Leitung und Organisierung gesellschaftlicher Arbeit erforderlichen Kenntnisse, Erfahrungen, Fähigkeiten zu erwerben. Wohl aber hebt der Kapitalismus aus der Arbeiterklasse „eine besondere Sorte von Lohnarbeitern" (Marx) heraus, die im Namen des Kapitals die Funktion der Leitung und Organisierung der Arbeit versieht und in seinem Namen in dem Arbeitsprozeß kommandiert. Nur indem das Proletariat diese besondere Kategorie von Lohnarbeitern in seinen Dienst stellt, kann es selbst die Funktion der Leitung und Organisierung seiner Arbeit übernehmen. Nur auf diese Weise kann es den gesellschaftlichen Arbeitsprozeß nach seiner Befreiung von der kapitalistischen Ausbeutung im Gange erhalten und weiter entwickeln.

In der ersten Phase der russischen Proletarierrevolution ist diese Voraussetzung nicht erfüllt gewesen. Viele Direktoren, Ingenieure und Techniker hatten ihre Posten verlassen. Sie taten es zuweilen freiwillig als Gegner der Sowjetmacht. Sie wurden oft von den Arbeitern dazu gezwungen, weil sich die Arbeiter nicht mehr den Männern unterwerfen wollten, die vor kurzem noch im Namen des Kapitals kommandiert hatten. Diejenigen aber,

die in den Betrieben ausharrten, waren in ihrer Wirksamkeit ge-
hemmt einerseits durch das ständige Eingreifen der kollegialen
Betriebsverwaltungen, die den verantwortlichen Betriebsleitern
nicht die notwendige Aktionsfreiheit gönnten und dadurch ihre Arbeitsfreude und ihre Initiative ertöteten, anderseits durch
den Widerstand der von Mißtrauen gegen die Fabrikbürokratie
56 erfüllten Arbeiter. So fehlte den nationalisierten Betrieben | je-
ne fachkundige und mit hinreichender Autorität augestattete
Leitung, ohne die kein gesellschaftlicher Arbeitsprozeß möglich
ist.

„Die Kooperation der Lohnarbeiter", sagt Marx, „ist bloße Wirkung des Kapitals, das sie gleichzeitig anwendet. Der Zusammenhang ihrer Funktionen und ihre Einheit als produktiver Gesamtkörper liegen außer ihnen, im Kapital, das sie zusammenbringt
und zusammenhält. Der Zusammenhang ihrer Arbeiten tritt ihnen daher ideell als Plan, praktisch als Autorität des Kapitalisten
gegenüber, als Macht eines fremden Willens, der ihr Tun seinem
Zwecke unterwirft".[39] Erst auf einer höheren Entwicklungsstufe
der Organisation und der kulturellen Reife des Proletariats vermag der einzelne Arbeiter den Zusammenhang seiner Funktionen
mit denen seiner Arbeitskollegen nicht mehr nur aus dem Gebot
des Kapitals, sondern zugleich aus den Erfordernissen der gesellschaftlichen Arbeit, seine Unterordnung unter den Gesamtkörper
nicht mehr bloß als eine Unterwerfung unter eine fremde Macht,
sondern als Einordnung in die produktive Arbeitsgemeinschaft
zu verstehen. Das russische Proletariat, geschichtlich jung, erst in
der letzten Generation aus der Bauernschaft herausgelöst, unter
dem Zarismus ungeschult und unorganisiert, hatte diese Entwicklungsstufe der Organisation und der kulturellen Reife noch nicht
erreicht. Sobald die Autorität des Kapitalisten zusammengebro-
chen war, vermochten die Arbeiter den Zusammenhang ihrer
Funktionen innerhalb des gesellschaftlichen Arbeitsprozesses
nicht mehr aufrechtzuerhalten. Sobald nicht mehr ein fremder
Wille ihr Tun seinem Zwecke unterwarf, löste sich ihre Einheit

---

[39] Marx. „Das Kapital", I. Band. Seite 296.

als produktiver Gesamtkörper auf. War die alte kapitalistische Arbeitsdisziplin aufgelöst, ohne durch eine neue, auf Einsicht, Freiwilligkeit, Solidarität gegründete proletarische Arbeitsdisziplin abgelöst zu werden, so trat in den Betrieben ein Zustand der Disziplinlosigkeit, der Desorganisation, der Anarchie ein. Der katastrophale Rückgang der Intensität und Produktivität der Arbeit wurde zur größten Bedrohung der Sowjetrepublik.

Alle Kräfte der Sowjetregierung mußten zum Kampfe gegen die Anarchie im Produktionsprozeß aufgeboten werden. Zunächst bemühte sich die Sowjetregierung, die Direktoren, Ingenieure und Techniker durch die Zusicherung hoher Gehalte und selbständigen Wirkungskreises in die Betriebe zurückzuführen. Gleichzeitig begann jener große, auch den deutschen Lesern bekannte Redefeldzug, in dem sich die Wortführer der Sowjetmacht bemühten, die Arbeiter von der Notwendigkeit der Wiederherstellung der Arbeitsdisziplin, der Steigerung der Arbeitsintensität und der Anerkennung der Autorität der Betriebsleiter zu überzeugen.[40] Vor allem aber wurden die Gewerkschaften in den Dienst dieser Aufgaben gestellt. | 57

Sobald die Industrie nationalisiert ist, verändert sich die Funktion der Gewerkschaften. Aus Organen des Kampfes der Arbeit gegen das Kapital verwandeln sie sich in Verwaltungsorgane des Proletarierstaates, die einerseits innerhalb der Volkswirtschaftsräte und der zentralen Industrieverwaltungen die Interessen der Arbeiterschaft der einzelnen Industriezweige vertreten, anderseits in den einzelnen Betrieben die proletarische Arbeitsdisziplin zu entwickeln haben. Die Gewerkschaftskongresse stellten das Prinzip „Für einen bestimmten garantierten Arbeitslohn eine bestimmte, garantierte Arbeitsleistung" auf und beschlossen, bei jedem Gewerkschaftsverband ein „Normierungsbüro" zu errichten, das für jede Arbeitsgattung und für jede Arbeitskategorie eine Mindestleistung festzusetzen hat, die zu leisten jeder Arbeiter

---

[40] Vgl. Lenin, Die nächsten Aufgaben der Sowjetmacht. Bern 1918. — Trotski, Arbeit, Disziplin und Ordnung werden die sozialistische Sowjetrepublik retten. Basel 1918.

verpflichtet wird, wogegen Mehrleistungen besonders entlohnt werden müssen.[41]

Aber die Mittel der Überredung und die Mittel der gewerkschaftlichen Disziplin genügten nicht, die Anarchie in der nationalisierten Industrie zu überwinden. Die Sowjetgewalt entschloß sich also, einen Schritt weiter zu gehen. Der Streit zwischen der staatssozialistischen und der syndikalistischen Richtung wird von neuem aufgenommen. Schon vor dem Mai-Kongreß der Volkswirtschaftsräte hat die staatssozialistische Richtung den Grundsatz verfochten, daß der vom Obersten Volkswirtschaftsrat einzusetzende Betriebsleiter die technische Leitung selbständig zu führen habe, dem Betriebsrat in allen Fragen der technischen Betriebsleitung nur eine beratende Stimme, keine Mitentscheidung zustehe. Dieser Grundsatz war auch in das ursprüngliche Dekret über die Verwaltung der nationalisierten Unternehmungen aufgenommen worden.[42] Aber auf dem Mai-Kongreß der Volkswirtschaftsräte mußte dieser Grundsatz der von den Massen getragenen syndikalistischen Richtung preisgegeben werden. Die kollegiale Betriebsverwaltung, aus Vertretern des Volkswirtschaftsrates und der Arbeiter zusammengesetzt, trat über den Betriebsleiter. Aber im Kampfe gegen die Anarchie in den Betrieben greift die Sowjetregierung wieder zu dem ursprünglichen Programm zurück. Sie glaubt, die Anarchie nicht mehr anders überwinden zu können als dadurch, daß sie die energischsten und erfahrensten Organisatoren in die Betriebe zurückruft und sie mit unbeschränkten, mit diktatorischen Vollmachten betraut. Sie werden zur Wiedereinführung des Akkordlohnsystems, zur Einführung des Taylor-Systems, zur sofortigen Entlassung aller untüchtigen Arbeiter ermächtigt, die Arbeiterschaft zu „widerspruchsloser Unterordnung unter den einheitlichen Willen der Leiter des Arbeitsprozesses"[43] verpflichtet. Und wenn sich eine Arbeiterschicht gegen die Wiederherstellung der Diktatur des

---

[41] Isw. Goss. Kontrollja. I. Jahrgang, Nr. 3, Seite 32.

[42] Nar. chosaistwo. I. Jahrgang, Nr. 2.

[43] Lenin, a.a.O., Seite 52.

Betriebsleiters zu Wehr setzt, scheut die Sowjetregierung, auf die
Rote Armee | gestützt, nicht davor zurück, die Arbeiter gewaltsam   58
zur Unterwerfung zu zwingen. Die Sowjetmacht darf so verfahren. Denn der Betriebsleiter, dem sich die Massen nun wieder
widerspruchslos unterordnen müssen, ist ja nicht ein Organ des
Kapitals, sondern ein Organ des Proletarierstaates. Die Gewalt
gegen die widerspenstigen Arbeiter wird nicht geübt zur Sicherung des kapitalistischen Profits, sondern zur Rettung der dau-
ernden Gesamtinteressen des Proletariats gegen eine einzelne,
die proletarischen Gesamtinteressen durch ihre Disziplinlosigkeit gefährdende Arbeiterschicht. Der Zwang, der geübt werden
muß, ist der Zwang der proletarischen Arbeitsdisziplin gegen die
„kleinbürgerliche Liederlichkeit", aus der sich die kulturlosen, vor
wenigen Jahren erst aus dem Dorfe losgelösten, noch bäuerlich
dahinlebenden Arbeiter nicht selbst zu befreien vermögen.[44]

Hat man sich aber erst dazu entschlossen, die industrielle Anarchie mit den Mitteln des Zwanges und der Gewalt zu überwinden, dann ist es nur natürlich, daß man das wuchtigste Mittel
der Zwangsgewalt, daß man die Armee ganz unmittelbar in den
Dienst dieser Aufgabe stellt. Auch dieser Schritt wird getan. Die
von Trotzky entworfenen „Thesen des Zentralkomitees der Kommunistischen Partei"[45] zeigen den Weg. „Im Übergangsstadium
der Entwicklung einer Gesellschaft, die das Erbe einer schweren
Vergangenheit angetreten hat", lesen wir da, „ist der Übergang
zu einer planmäßig organisierten gesellschaftlichen Arbeit un-
denkbar ohne die Anwendung von Zwangsmaßnahmen, so in
Bezug auf Elemente, die ein Parasitendasein führen, wie in Bezug
auf zurückgebliebene Elemente des Bauerntums und der Arbeiterklasse. Das Zwangsmittel, über das der Staat verfügt, ist seine
militärische Macht. Folglich ist die *Militarisierung der Arbeit* — in
diesem oder jenem Maße, in dieser oder jener Form — eine unbe-
dingte Notwendigkeit für jede Übergangswirtschaft, die auf dem
Prinzip der allgemeinen Arbeitspflicht aufgebaut ist." (These 21)

---

[44] Lenin, a.a.O., Seite 48 bis 56.

[45] „Russische Korrespondenz", Nr. 4. Februar 1920.

Zu diesem Zweck schlägt Trotsky folgende Maßregeln vor:

1. „Die formale *Militarisierung einzelner Unternehmungen* oder Industriezweige, die in diesem Augenblick von besonderer Bedeutung sind oder die durch die allgemeine Zerrüttung besonders betroffen sind, geschieht auf Anordnung des *Verteidigungssowjets* und hat den Zweck, *dem Unternehmen die Arbeiter vorübergehend zu sichern* und ein *strengeres Regime* einzuführen, wobei den entsprechenden Organen weitgehende *Disziplinarrechte* eingeräumt werden, wenn die Gesundung des Unternehmens nicht auf anderem Wege herbeigeführt werden kann." (These 24) Es ist die den Arbeitern aus der Kriegszeit wohlbekannte Militarisierung der Betriebe in ihrer schärfsten Form — mit der Aufhebung der Freizügigkeit der Arbeiter und mit der Unterwerfung der Arbeiter unter eine militärische Disziplinarstrafgewalt — die hier vorgeschlagen werden. |

2. Zur Behebung des Arbeitermangels, zur Wiederherstellung der Verkehrsmittel, zum Holzfällen und Holzbringen, zur Gewinnung von Torf und Schiefer, zur Durchführung von Arbeiten in den Kohlen-, Erz- und Petroleumgebieten, zum Wiederaufbau der verwüsteten Gebiete und zur Bearbeitung der brachliegenden Ländereien können alle arbeitspflichtigen Männer und Frauen *mobilisiert* werden. Die Einberufung erfolgt nach Bezirken, nach Altersjahrgängen, nach Berufen. In der nächsten Zeit sollen „vor allem solche Kategorien herangezogen werden, die durch die militärischen Mobilmachungen am wenigsten betroffen waren; es müßten also nach Möglichkeit *zunächst viel Frauen* herangezogen werden." (These 17) Aus den Einberufenen werden „Arbeitsorganisationen von *militärischem* Typus" (These 25) gebildet, die zu den einzelnen notwendigen Arbeiten zu kommandieren sind. Besonders einberufen werden die gelernten Arbeiter, die die Städte verlassen haben; sie sind „aus der Armee, aus den Sowjetorganen hinter der Front, selbst aus den Sowjetwirtschaften und Kommunen, aus der Schwerindustrie, aus den Dörfern, vor allem aus dem noch bestehenden Privathandel zurückzuziehen" (These 5) und erforderlichenfalls mit Hilfe von „Zwangsmaßnahmen" (These 6) der Industrie zuzuführen.

3. Schließlich sind die durch den Fortschritt der militärischen Operationen entbehrlich werdenden militärischen Formationen nicht zu demobilisieren, sondern in Arbeitsarmeen zu verwandeln. Dieses Programm hat sich der Dritte Kongreß der Volkswirtschaftsräte im Jänner 1920 angeeignet. Es ist bereits in Durchführung. Zwei Armeen sind bereits vom Waffendienst zu produktiver Arbeit überführt. In einigen Gouvernements ist die Aushebung einiger Jahrgänge für die Arbeitsarmee bereits angeordnet. Die Militarisierung der russischen Volkswirtschaft ist im Gang.

Es ist ein gewaltiger Weg von der „Arbeiterkontrolle" des November 1917 bis zur Militarisierung der Arbeit im Jänner 1920! Deutlich scheidet sich die Entwicklung in zwei Abschnitte. Im ersten Abschnitt, der die Zeit von der Oktoberrevolution bis etwa zum Juli 1918 umfaßt, ist die treibende Kraft des Geschehens die proletarische Masse selbst. Es ist die elementare Massenbewegung, die sich in der „Arbeiterkontrolle" in den Betrieben verwirklicht, die die Unternehmer aus den Betrieben wild hinausschleudert, die der widerstrebenden Sowjetregierung zuerst die Nationalisierung einzelner Betriebe, dann ganzer Produktionszweige, schließlich der gesamten Großindustrie aufzwingt, die gegen die staatssozialistischen Organisationspläne der Sowjet-Fachmänner die Mitverwaltung der nationalisierten Industriezweige durch die Arbeiter dieser Industriezweige selbst durchsetzt. Die „Schöpferkraft der Masse" gibt dieser Periode das Gepräge. Es ist das Proletariat selbst, das ganze Proletariat, das in grandioser revolutionärer Bewegung die Gesetze erzwingt, die die Sowjets nur kundzumachen haben. Die Sowjetmacht war in dieser Phase nur das Exekutivorgan der Arbeiterklasse, ihre Diktatur war damals wirklich die | Diktatur der Proletariats. Aber seit   60 Mitte 1918 ändert sich allmählich das Bild. Die Sowjetregierung ist erstarkt, ihr bürokratischer Apparat ausgebaut, ihre Armee wird zu einer gewaltigen Macht. Sie steht nicht mehr wehrlos elementaren Massenbewegungen gegenüber. Sie kann sich ihnen widersetzen, ihnen Gewalt entgegensetzen. Aber während der Herrschaftsapparat der Sowjetregierung viel stärker geworden

ist, schwindet die eigene Kraft der proletarischen Masse. Sie ist an
Zahl schwächer geworden infolge der Stadtflucht so vieler Arbeiter. Sie hat ihre tüchtigsten und energischesten Elemente an die
Sowjetbürokratie und an die Rote Armee abgegeben, sie entbehrt
daher eigener, nicht in den Regierungsapparat eingespannter
Führer. Ihre gesellschaftliche Funktion hat durch die Desorganisation der Industrie, durch den Stillstand der Produktion an
Bedeutung verloren. Ihr Glaube an sich selbst ist erschüttert, da
sie nicht imstande war, durch freie Selbsttätigkeit die nationali-
sierte Industrie zu organisieren. So ist das Machtverhältnis zwischen den Führern und der Masse, zwischen der Sowjetregierung
und dem Proletariat wesentlich verändert. Die geschichtliche
Initiative geht seit der Mitte des Jahres 1918 von der Masse an
die Regierung über. Und, durch die Desorganisation der Industrie
gezwungen, muß sich die Regierung gegen die Arbeiter selbst
wenden. Sie muß ihnen Schritt für Schritt die erhöhte Arbeitsleistung und die Unterwerfung unter den Willen der Betriebsleiter
aufzuzwingen versuchen. Sie muß sie schließlich militarisieren,
sie an den Betrieb fesseln, sie dem „strengeren Regime" des militärischen Disziplinarstrafrechtes unterwerfen!

Wenn man auch die heutige Verfassung der Sowjetrepublik als
eine „Diktatur des Proletariats" bezeichnet, so haben diese Worte
offenbar einen ganz anderen Sinn als in der ersten Entwicklungsphase nach der Oktoberrevolution. Damals waren es wirklich die
breiten, wilden Massen der leibhaftigen russischen Proletarier,
die diktiert haben, und die Sowjetregierung war wirklich nur
das Vollzugsorgan dieses Massenwillens. Heute ist es offenbar
anders. Rußland wird heute in Wirklichkeit regiert durch die
Mitgliedschaft der Kommunistischen Partei, die, wie Lenin mit-
teilt, nach der Säuberung von unwürdigen Einschleichern etwa
100.000 bis 200.000 Genossen zählen dürfte.[46] Natürlich wird die
Mehrheit dieser 100.000 bis 200.000 Menschen aus Arbeitern bestehen. Aber diese 100.000 bis 200.000 Menschen sind nur ein

---

[46] Lenin, Die Kommunistischen Samstage. „Russische Korrespondenz", Num-
mer 3.

sehr kleiner Teil des russischen Proletariats. Und sie sind nicht eine Klasse, der der große Herrschaftsapparat der Sowjetmacht dient, sondern sind dieser Herrschaftsapparat selbst. Aus diesen 100.000 bis 200.000 Menschen bestehen eben die herrschenden Sowjetfraktionen, die Sowjetbürokratie, die Industrie-, Betriebs- und Gewerkschaftsverwaltungen und die Kommandostäbe der Roten Armee. Was ist nun das Verhältnis dieser herrschenden Schicht zum Proletariat? | 61

Ein bloßes Exekutivorgan des Willens der breiten proletarischen Masse ist sie offenbar nicht; weit entfernt davon, den Willen der Proletarier auszuführen, sieht sie sich vielmehr selbst gezwungen, Proletarier mit Mitteln des militärischen Zwanges ihrem Willen zu unterwerfen. Das Verhältnis ist ein anderes. „Die Kommunisten", sagt Marx im „Kommunistischen Manifest", „vertreten in den verschiedenen Entwicklungsstufen, welche der Kampf zwischen Proletariat und Bourgeoisie durchläuft, stets das Interesse der Gesamtbewegung", „die Zukunft der Bewegung". Das ist es, worauf sich die russischen Kommunisten berufen. Überzeugt, daß sie vor der breiten Masse des russischen Proletariats „die Einsicht in die Bedingungen, den Gang und die allgemeinen Resultate der proletarischen Bewegung voraushaben", halten sie sich für berechtigt, jede einzelne Arbeiterschicht im Interesse der Gesamtbewegung des Proletariats, die ganze Breite der Masse der russischen Proletarier im Interesse der Zukunft des Proletariats erforderlichenfalls auch mit Gewalt auf ihre Bahn zu führen. Wenn man die Diktatur einer Partei, die nicht mehr, wie in der ersten Phase nach der Oktoberrevolution, ein bloßes Exekutivorgan des proletarischen Massenwillens ist, sondern jetzt nicht mehr nur der Bourgeoisie, nicht nur der Bauernschaft, sondern auch breiten Massen der Proletarier selbst ihren Willen aufzwingt, die Diktatur der Proletariats nennen will, so ist es doch nicht mehr die Diktatur der leibhaftigen russischen Proletarier, sondern die Diktatur der *Idee* des Proletariats.

Und diese Diktatur verfügt nun über die furchtbarsten Machtmittel. Die ganze Industrie, der Bergbau, das Verkehrswesen, die

Organisation der Warenverteilung sind ihr unmittelbar unter-
tan. Sie disponiert über die ganze Arbeitskraft des Landes. Sie
bietet Männer und Frauen nach ihrem Belieben auf und verhält
sie unter militärischer Zucht zu den Arbeiten, die sie braucht.
Sie unterwirft die Betriebe militärischer Disziplin. Sie hält mit
den furchtbaren Waffen des Terrors jede Opposition, jede Kritik
nieder. Ein allmächtiger Staat, der sich die Individuen in allen
ihren Lebensbeziehungen unterwirft und dem Individuum keine
staatsfreie Betätigungssphäre mehr läßt, wird von einer winzi-
gen Minderheit des Hundertmillionenvolkes nach ihrem Willen
beherrscht. Es ist ein neuer, furchtbarer Despotismus, der auf
diese Weise entstanden ist.

Die schrankenlose Allmacht eines von einer kleinen Minderheit des Proletariats, das selbst nur eine kleine Minderheit des
russischen Volkes ist, beherrschten Staates gibt dem russischen
Sozialismus sein Gepräge. Es ist eine sozialistische Gesellschaft,
die da entsteht. Denn die Sowjetmacht hat die Arbeitsmittel den
Kapitalisten entwunden, den Arbeitsprozeß von der Herrschaft
des Kapitals befreit, die Verfügung über den Arbeitsertrag den
Kapitalisten entrissen und sie selbst organisiert jetzt, in dem sie
über die Arbeitsmittel und über die Arbeitskräfte des Landes nach
ihrem Plan verfügt, eine planmäßige, unmittelbar gesellschaftliche Arbeit und eine planmäßige, unmittelbar gesellschaftliche
62 Verteilung des Arbeitsertrages. Aber wenn das So- | zialismus
ist, so ist es doch ein Sozialismus besonderer Art, ein *despotischer*
Sozialismus. Denn der Sozialismus bedeutet hier nicht, daß das
arbeitende Volk selbst über seine Arbeitsmittel verfügt, seinen Arbeitsprozeß leitet und seinen Arbeitsertrag verteilt. Er bedeutet
vielmehr, daß eine aus dem Volke herausgelöste, nur eine winzige
Minderheit des Volkes repräsentierende, über den Volksmassen
thronende Staatsgewalt über die Arbeitsmittel und über die Arbeitskraft, über den Arbeitsprozeß und über den Arbeitsertrag
des Volkes verfügt und mit ihren Zwangsmitteln alle Kräfte des
Volkes ihrem Arbeitsplan unterwirft, in ihre Arbeitsorganisation
einspannt.

Dieser despotische Sozialismus ist nicht nach vorgefaßtem Plane entstanden. Gerade die Bolschewiki haben in der ersten Phase der Revolution ihre ganze Hoffnung auf die „Schöpferkraft der Masse" gesetzt, gerade sie der Selbsttätigkeit der Masse das denkbar weiteste Aktionsfeld gegeben. Aber das russischen Proletariat ist in seiner allerfrühesten Jugend zur vollständigsten Macht gekommen. Die russische Großindustrie ist erst in dem letzten Menschenalter entstanden. Die Mehrheit des russischen Proletariats besteht aus Menschen, die noch im Dorfe geboren sind und erst vor wenigen Jahren in die Stadt gekommen sind. Das russische Proletariat hat nicht wie das west- und das mitteleuropäische viele Jahrzehnte organisatorischer Entwicklung und Schulung hinter sich. Die geschichtliche Jugend des russischen Proletariats erklärt seine kulturelle Rückständigkeit. Und diese Rückständigkeit hat die Bolschewiki auf die Bahn des despotischen Sozialismus gezwungen. Als es sich zeigte, daß die Masse selbst nicht imstande war, die Arbeitsdisziplin in den nationalisierten Betrieben wiederherzustellen, mußte die Sowjetmacht dazu übergehen, die gesellschaftliche Notwendigkeit gegen die Anarchie rückständiger Arbeiterschichten gewaltsam durchzusetzen.

Auch die Prinzipien der Demokratie sind nicht „ewige Wahrheiten". Auch die Demokratie ist Entwicklungsprodukt und Entwicklungsphase. Nur auf bestimmter Entwicklungsstufe der Produktivkräfte, der Klassenkämpfe, der kulturellen Reife der Masse ist Demokratie möglich. Wo diese Voraussetzungen nicht gegeben sind, ist der Despotismus einer vorgeschrittenen Minderheit eine „transitorische Notwendigkeit", ein zeitweilig unentbehrliches Instrument des historischen Fortschritts. Das ist in Rußland der Fall. Nur die Kulturlosigkeit des russischen Bauern erklärt, warum der zarische Despotismus abgelöst werden mußte nicht von demokratischer Selbstregierung des russischen Volkes, sondern von der Diktatur des Proletariats, das eine kleine Minderheit des russischen Volkes ist. Nur die kulturelle Rückständigkeit des russischen Arbeiters erklärt, warum sich die Diktatur des Prole-

tariats verwandeln mußte aus der Herrschaft der Proletariermassen selbst in den Despotismus einer kleinen, vorgeschrittenen Minderheit des Proletariats. Der despotische Sozialismus ist das notwendige Produkt einer Entwicklung, die die soziale Revolution heraufbeschworen hat auf einer Entwicklungsstufe auf der der
63   russische | Bauer noch nicht einmal zur politischen, der russische Arbeiter noch nicht zur industriellen Demokratie reif war. Der despotische Sozialismus ist das Produkt der russischen Kulturlosigkeit.

2.6 Die geschichtliche Stellung der russischen Revolution

„DIE KONZENTRIERTESTE Industrie Europas auf der Grundlage der rückständigsten Landwirtschaft Europas", so charakterisiert Trotsky die soziale Basis der russischen Revolution.[47] Eine Landwirtschaft, noch in die alten halb-feudalen Formen gezwängt, die ihre Entwicklung unvermeidlich in gewaltsamer Revolution sprengen muß, und über ihr eine Großindustrie, vom europäischen Finanzkapital im Verlauf der letzten Generation nach Rußland verpflanzt, mit Treibhausgeschwindigkeit entwickelt, mit allen Errungenschaften modernster Technik ausgerüstet, die bereits ein zahlreiches Proletariat unter ihrem Kommando angehäuft hat, — das sind die Grundlagen der russischen Revolution. Die geschichtliche Stellung der russischen Revolution ist daraus zu begreifen, daß Rußland zu seiner bürgerlichen Revolution, die dort wie überall die Fesseln der feudalen Grundeigentumsordnung sprengen mußte, erst in einer Epoche gelangt ist, in der sich in seinem Schoße bereits eine hochkonzentrierte Großindustrie, also auch ein modernes industrielles Proletariat, entwickelt hatte.

Auch die große französische Revolution hatte die geschichtliche Aufgabe, die Fesseln einer unerträglich gewordenen feudalen Agrarverfassung zu sprengen. Auch damals haben elementare Bewegungen der Bauernschaft die Revolution vorwärtsgetrieben

---

[47] Trotsky, Rußland in der Revolution. Dresden o. J. Seite 23.

und den Herrschaftsapparat des alten Regimes desorganisiert.
Auch damals hat der Bauer aus den Händen der städtischen Revolution das Herrenland empfangen und hat er darum die städtische Revolution gegen ihre äußeren Feinde verteidigt. Aber
auch damals hat sich der Bauer, sobald er von dem Feudalismus
befreit war, auf sein Dorf zurückgezogen und die Herrschaft im
Staate der Stadt überlassen. Auch damals führte die Revolution
daher zunächst zur Diktatur der Stadt über das Land und, da sie
innerhalb der Stadt die zahlreichste und revolutionärste Klasse
emportrug, zur Diktatur des städtischen Plebejertums über die
Stadt und damit auch über das Land. Insoweit ist die Entwicklung
der russischen Revolution von 1917 bis 1920 der Entwicklung der
französischen Revolution von 1789 bis 1793 vollständig analog.
Aber das städtische Plebejertum selbst trägt 1917 in Rußland
schon ganz anderen Charakter als 1793 in Frankreich. Die Pariser
Sansculotten waren die Meister und Gesellen der kleinen Werk-
stätten der Pariser Vorstädte. Die russischen Bolschewiki sind die
Proletarier einer modernen Großindustrie. Während daher die
Diktatur der Sansculotten in dem Paris von 1793 in die Schranken
des Kleinbürgertums gebannt blieb, wird sie in dem Rußland von
1917 zur Diktatur des | Proletariats. Damit aber schlägt die bür-   64
gerliche Revolution, die den Feudalismus sprengt, unmittelbar in
die proletarische Revolution um, die den Kapitalismus aufhebt.

    Die bürgerliche Revolution findet eine Bauernschaft vor, die
gegen den Feudalismus rebelliert. Sie kann die elementare Kraft
dieser Bauernschaft in ihren Dienst stellen und dadurch das alte Regime zerbrechen. Aber die bürgerliche Revolution findet
diese Bauernschaft auf dem durch den Feudalismus bestimmten
Kulturniveau, also in einem Zustand der Barbarei vor. Deshalb
ist die Bauernschaft, obwohl sie die überwiegende Mehrheit der
Bevölkerung bildet, unfähig, selbst das Erbe des alten Regimes
anzutreten. Deshalb muß die bürgerliche Revolution zur Diktatur-
tur der Stadt, das heißt, der zahlreichsten und revolutionärsten
Klasse der Stadt führen. Diese Diktatur bleibt kleinbürgerlich, wo
die zahlreichste und revolutionärste Klasse der Stadt noch im

Handwerk und Kleinhandel fußt. Sie wird proletarisch, wo sich die bürgerliche Revolution erst in einem Zeitpunkt vollzieht, in dem die zahlreichste und revolutionärste städtische Klasse schon das großindustrielle Proletariat ist.

Marx und Engels haben diese Möglichkeit eines solchen unmittelbaren Umschlages der bürgerlichen Revolution in die proletarische schon am Vorabend der Revolution von 1848 vorausgesehen. Die deutsche Industrie hatte 1848 schon eine weit höhere Entwicklungsstufe erreicht als die französische im Jahre 1793. Marx und Engels hofften daher, daß die Diktatur der Stadt, die wiederum wie 1793 das Ergebnis einer sieghaften Revolution sein werde, unmittelbar die Diktatur des Proletariats bedeuten werde. Der deutsche Bauer, durch die städtische Revolution vom Feudalismus befreit, werde die Revolution gegen die Armeen des Zarismus verteidigen, wie die französischen Bauern von 1793 sie gegen die Koalitionsarmeen verteidigt haben. Aber zu kulturlos, um selbst die Herrschaft über Deutschland anzutreten, werde der deutsche Bauer die Herrschaft dem städtischen Proletariat überlassen müssen, wie der französische Bauer sie 1793 dem Plebejertum der Pariser Vorstädte überlassen hat. So werde die bürgerliche Revolution in Deutschland „nur das unmittelbare Vorspiel einer proletarischen Revolution sein".[48] Was Marx und Engels damals für Deutschland gehofft haben, das hat sich in Rußland jetzt in der Tat vollzogen. Der Verlauf der russischen Revolution bestätigt die Genialität der Marxschen Konzeption von 1847.

Aber im Jahre 1848 selbst war der Verlauf der Revolution ein ganz anderer. Die Führung der europäischen Revolution lag damals in den Händen Frankreichs. Das französische Proletariat aber konnte nicht seine Diktatur aufrichten. Es konnte den Bauern nicht für sich gewinnen; denn da der französische Bauer schon sechzig Jahre vorher von den Fesseln des Feudalismus befreit worden war, hatte die | städtische Revolution ihm nichts mehr zu bieten. Es konnte die Diktatur der Stadt über das Land

65

---

[48] Marx-Engels, Kommunistisches Manifest. IV.

nicht aufrichten; denn die französische Bauernschaft war 1848 nicht mehr die geschichtslose Masse von 1793, sie hatte seit der Großen Revolution eine gewaltige Entwicklung durchgemacht, sie hatte bereits ihre eigenen Ziele, Gedanken, Illusionen. Das Proletariat konnte die bürgerliche Ordnung nicht besiegen, weil „der Gang der Revolution die zwischen dem Proletariat und der Bourgeoisie stehende Masse der Nation, Bauern und Kleinbürger, nicht gegen diese Ordnung, gegen die Herrschaft des Kapitals empört, sie nicht gezwungen hatte, sich den Proletariern als ihren Vorkämpfern anzuschließen".[49] Das Proletariat, auf seine eigene Kraft beschränkt, wurde niedergeworfen. Und die „Masse der Nation", die Bauern, verwirklichten dann ihr eigenes politisches Ideal: sie hoben die Dynastie zur Macht, die ihnen die Verkörperung ihrer größten geschichtlichen Erinnerung war und von deren Wiederkehr sie die Wiederkehr ihrer großen Zeit, die Zeit der „jugendfrischen Parzelle"[50] erhofften. Diese Entwicklung der französischen Februarrevolution über die Junischlacht zum zweiten Kaisertum bestimmte auch die Entwicklung der anderen Revolutionen, die im Gefolge der französischen Februarrevolution einhergingen. Die Niederlage der Pariser Arbeiter in der Junischlacht machte die Diktatur des Proletariats auch in Deutschland unmöglich. Im Jahre 1848 in Deutschland unerfüllbar, lebte die Marxsche Konzeption erst neunundsechzig Jahre später in Rußland wieder auf.

Der Vergleich der französischen Revolution von 1848 mit der französischen Revolution von 1789 bis 1793 zeigt, daß es zwei grundverschiedene Typen bürgerlicher Revolutionen gibt. Die große Revolution hatte eine große soziale Aufgabe zu erfüllen: die Zerschlagung der feudalen Grundeigentumsverhältnisse. Der französischen Revolution von 1848 war eine solche Aufgabe nicht übrig geblieben; als bürgerliche Revolution konnte sie daher keine soziale, sondern nur eine rein politische Revolution sein. Die große Revolution fand eine gegen den Feudalismus rebellierende,

---

[49] Marx, Die Klassenkämpfe in Frankreich. Berlin 1895. Seite 29.
[50] Marx, Der 18. Brumaire. Stuttgart 1914. Seite 108.

aber zugleich eine in feudaler Kulturlosigkeit lebende Bauernschaft vor; sie konnte daher die Diktatur der Stadt aufrichten.
Die französische Revolution von 1848 fand eine Bauernschaft
vor, die nicht revolutionär war, weil sie schon in einer früheren
Phase der bürgerlichen Revolution vom Feudalismus befreit worden war, und die nicht mehr politisch willenlos war, weil sie seit
ihrer Befreiung schon eine große politische Geschichte durchlaufen hatte; deshalb führte sie nicht erst zur Diktatur der Stadt
über das Land, sondern unmittelbar zur Unterwerfung der Stadt
durch den auf die Bauern gestützten Usurpator. In der Großen
Revolution konnte das Pariser Plebejertum als Vorkämpfer der revolutionären Masse der ganzen Nation seine Diktatur aufrichten;
in der Revolution von 1848 | hätte das Pariser Proletariat seine
Diktatur nur gegen die Masse der Nation richten können, also
nur dann, wenn es stark genug gewesen wäre, allein, aus eigener
Kraft nicht nur die Bourgeoisie, sondern auch die Bauernschaft
und das Kleinbürgertum niederzuwerfen und niederzuhalten.

Rußland ist jetzt in der Situation der Großen französischen
Revolution. Dort kann das Proletariat als Vorkämpfer des ganzen
„werktätigen Volkes" seine Diktatur über das Reich aufrichten;
die Diktatur einer kleinen Minderheit des Volkes über das Volks-
ganze ist dort ebenso geschichtliche Notwendigkeit, wie sie es in
Frankreich in der Konventszeit war. Die west- und mitteleuropäischen Länder dagegen, in denen der Feudalismus schon durch
frühere Revolutionen zerschlagen worden ist, sind in der Lage
der französischen Revolution von 1848. Hier kann das Proletariat seine Herrschaft nur dann aufrichten, wenn es allein dazu
stark genug ist; wenn es also seine Herrschaft nicht nur der Bourgeoisie, sondern auch breiten Massen des „werktätigen Volkes"
selbst, vor allem den Bauern und den Kleinbürgern, aufzwingen
kann. Dazu aber hat das Proletariat erst die Kraft, wenn es nicht
mehr „an einzelnen zerstreuten industriellen Zentralpunkten
zusammengedrängt ist, fast verschwindend unter einer Überzahl
von Bauern und Kleinbürgern", sondern wenn es schon die „aus-
gedehnte nationale Existenz gewonnen hat, die seine Revolution

zu einer nationalen erheben kann";[51] wenn es also schon selbst die Masse der Nation bildet.

Die Voraussetzungen der proletarischen Revolution sind also in West- und Mitteleuropa ganz andere als im russischen Osten. Die Konzeption der proletarischen Diktatur, wie sie Marx aus der französischen Revolution von 1793 abstrahiert und der deutschen Revolution von 1848 vorgezeichnet hat, konnte in der russischen Revolution von 1917 ihre Verwirklichung finden; aber sie ist aus demselben Grunde auf die proletarischen Bewegungen West- und Mitteleuropas in unseren Tagen nicht anwendbar, aus dem sie schon auf die französischen Revolution von 1848 nicht anwendbar war.

In der Großen französischen Revolution war die Diktatur der Sansculotten über die Stadt und der Stadt über das Land nur eine kurze Entwicklungsphase. Der Bauer verteidigte die Diktatur gegen den äußeren Feind, der die feudale Konterrevolution in das Land zu bringen drohte. Aber die Bauernarmee, die die feudale Konterrevolution abgewehrt hatte, warf dann auch die plebejische Stadt nieder. Der 18. Brumaire war nun die Revanche des von der Stadt beherrschten, von der Stadt für ihre Zwecke benützten Dorfes. An die Stelle der Diktatur der Stadt trat das Kaisertum der Bauern. | 67

Auch der russische Bauer verteidigt heute die Proletarierdiktatur gegen ihre äußeren Feinde. Aber wenn er sie erst besiegt haben, wenn der Krieg erst beendet sein wird, wird der latente Gegensatz zwischen der Stadt und dem Dorf, zwischen dem Proletariat und der Bauernschaft auch in Rußland wirksam werden.

Rußland wird ungeheure Mengen von Industrieprodukten aus dem Ausland einführen müssen, um sein Verkehrswesen und seine Industrie wieder aufzubauen. Es wird überdies wahrscheinlich seine Auslandsschulden verzinsen und bezahlen müssen. Um ausländische Waren zu bezahlen, Auslandsschulden verzinsen zu können, wird es Waren in gewaltigen Mengen ausführen müssen. Seine wichtigsten Ausfuhrwaren sind aber Erzeugnisse der

---

[51] Marx, Die Klassenkämpfe in Frankreich. Seite 28.

bäuerlichen Wirtschaft. Rußland wird also seine Bauern zwingen müssen, so viel Getreide, Flachs, Häute, Butter u.s.w. zu verkaufen, daß nicht nur der heimische Bedarf gedeckt werden kann, sondern auch große Mengen ausgeführt werden können. Zu diesem Zwecke wird die Sowjetmacht den Bauern hohe Steuern auferlegen müssen; denn je schwerere Steuern der Bauer zu tragen hat, desto mehr muß er vom Ertrage seiner Wirtschaft verkaufen, um die Steuern bezahlen zu können. Der Kampf zwischen Sowjetmacht und Bauernschaft um die Höhe der Steuern wird unvermeidlich.

Sobald die Blockade aufgehoben ist, wird der Warenhunger des russischen Bauern wirksam werden. Rußland wird große Auslandskredite brauchen, um die ausländischen Industrieprodukte, die der Bauer braucht, kaufen zu können. Diese Auslandskredite hofft es zu erlangen, in dem es ausländischen Kapitalisten Konzessionen zur Abholzung von Wäldern, zum Bau von Eisenbahnen, zum Betrieb von Bergwerken anbietet. Aber wird das ausländische Kapital einer Regierung Kredit gewähren, die mit einem Federstrich alle Auslandsschulden annulliert hat? Werden ausländische Kapitalisten ihr Kapital in einem Lande anlegen, wo die Expropriation ohne Entschädigung tägliche Praxis ist? Wird die russische Bauernschaft nicht die sozialistische Politik des Proletariats als ein Hindernis der Sättigung ihres Warenhungers ansehen?

Die sozialistische Wirtschaftspolitik muß auch den Vertrieb der Erzeugnisse der bäuerlichen Wirtschaft der staatlichen Kontrolle unterwerfen. Der Bauer fordert auch in Rußland den „freien Handel". Der Sozialismus muß auch über die Arbeitskräfte des Landvolkes disponieren können; der Bauer, der heute Aushebungen als Kriegsmaßregeln betrachtet und darum erträgt, wird sich im Frieden gegen Einberufungen zur Arbeitsarmee zur Wehr setzen. Die Dekrete der Sowjetregierung über Kirche und Ehe, über Erbrecht und Familienrecht kümmern den Bauern nicht, solange ihre Geltung auf die Stadt beschränkt bleibt; in dem Maße, als die Sowjetgewalt erstarkt, muß sie ihren Gesetzen auch im Dorfe Geltung zu erzwingen suchen und damit in Widerstreit mit den am Alten, Überlieferten hängenden Auffassungen des Dorfes geraten. | 68

Der Industriearbeiter im sozialisierten Betrieb und der bäuerliche Unternehmer sind voneinander grundverschieden. Nur solange der Bauer das Kulturniveau der feudalen Barbarei noch nicht überwunden hat, läßt er den Industriearbeiter allein regieren. Aber die Sowjetmacht, die die feudale Agrarverfassung zerschlagen hat, hat ebendadurch auch die Basis der bäuerlichen Kulturlosigkeit zerstört. Indem sie den bäuerlichen Besitz vergrößert und befestigt hat, indem sie Schulen im Dorfe errichtet, indem sie höhere Kultur in das Dorf trägt, zerstört sie selbst die Voraussetzungen der Diktatur des Proletariats. Denn in dem Maße, als der Bauer kulturell reift, gewinnt er politisches Interesse und politische Regsamkeit, erlangt er den Wunsch und die Fähigkeit, seine Interessen und seine Anschauungen im staatlichen Leben durchzusetzen. Sobald aber die Bauernschaft, die die gewaltige Masse der Nation bildet, eigenen politischen Willen hat und zu selbständigen politischen Aktionen fähig wird, bricht die Alleinherrschaft des städtischen Proletariats zusammen.

Diese Entwicklung kann sich zunächst in der Weise vollziehen, daß der russische Bauer es allmählich erlernt, die ihm in der Sowjetverfassung eingeräumten Rechte auszunützen, den Apparat der Sowjetverfassung seinen Zwecken dienstbar zu machen, die Sowjetverfassung, die nur auf der Basis der politischen Inaktivität der Bauernschaft ein Instrument zur Diktatur der Proletariats ist, in ein Instrument seines Willens zu verwandeln. Aber der weitere Aufstieg der Bauernschaft muß der Sowjetverfassung schließlich ihre soziale Basis überhaupt entziehen. Denn die Sowjetverfassung ist nur die juristische Form, in der sich die durch die feudale Barbarei der bäuerlichen Volksmasse ermöglichte und geforderte Diktatur der proletarischen Minderheit ausdrückt. Wenn die Bauernschaft selbst, die überwiegende Mehrheit der Nation, die Herrschaft an sich reißt, muß sie die juristische Form der Minderheitsdiktatur sprengen. Ihre Herrschaft kann sich vorübergehend in die Form eines auf die Bauernmasse gestützten Zäsarismus kleiden. Aber die dauernde juristische Form der Herrschaft der Mehrheit, der Masse der Nation ist die Demokratie.

Die Diktatur des Proletariats in Rußland ist nicht die Überwindung der Demokratie, sondern eine Phase der Entwicklung zur Demokratie. Der Despotismus des Proletariats hat die geschichtliche Aufgabe, die bäuerliche Masse des russischen Volkes aus der Kulturlosigkeit, in der sie der zarische Despotismus erhalten hat, emporzuheben und dadurch erst die Voraussetzungen der Demokratie in Rußland zu schaffen. Die Diktatur des Proletariats in Rußland ist also nicht, wie die Theorie des Bolschewismus annimmt, die letzte, endgültige Form des russischen Staates, die sich behaupten werde, bis der Staat überhaupt „abstirbt"; sie ist vielmehr nur eine Durchgangsphase der russischen Entwicklung, die bestenfalls so lang dauern wird, bis die Masse des russischen Volkes kulturell reif wird für den demokratischen Staat. |

69 Der Aufstieg der Bauernschaft zur politischen Macht wird natürlich auch die Gestaltung der gesellschaftlichen Verfassung Rußlands bestimmen. Der Staatssozialismus in der Industrie, im Verkehrs- und Bankwesen, die unter der Sowjetregierung gewaltig emporgewachsene genossenschaftliche Organisation des Warenvertriebes, die bäuerliche Privatunternehmung, der aus der Lebensmittelnot der Städte erwachsene bäuerliche Reichtum, die sich an und mit dem Schleichhandel, der auf der Basis der bäuerlichen Privatwirtschaft nicht auszurotten ist, entwickelnde neue Bourgeoisie, die auf Grund besonderer Konzessionen entstehenden, von ausländischem Kapital begründeten kapitalistischen Unternehmungen — das sind die Elemente, aus denen die neue russische Wirtschaft gestaltet werden wird. So kann Rußland zu gesellschaftlichen Mischformen gelangen, die unsere nur aus den Erfahrungen der Vergangenheit abstrahierte Wissenschaft noch nicht zu klassifizieren vermag. Wie weit diese Gesellschaftsverfassung sozialistische, wie weit sie kapitalistische Züge tragen wird, wird vor allem davon abhängen, ob und inwieweit indessen in der übrigen Welt der Kapitalismus überwunden, die sozialistische Gü-

terproduktion und Güterverteilung aufgebaut wird. Soweit aber die künftige Wirtschaft Rußlands sozialistisch sein wird, wird sie nicht im Rahmen eines despotischen Sozialismus verharren, der einem von einer kleinen Minderheit beherrschten allmächtigen Staat die despotische Verfügung über die Arbeitsmittel und die Arbeitskräfte des ganzen Volkes gibt, sondern sich zu einem demokratischen Sozialismus weiterentwickeln, der jeden Zweig des Wirtschaftslebens der Selbstverwaltung aller an ihm beteiligten, von seinem Gedeihen abhängigen Persönlichkeiten übergibt. Denn der despotische Sozialismus ist nur der Sozialismus einer kulturlosen Masse, der Arbeitsdisziplin und Arbeitsplan von einer über ihr thronenden Gewalt aufgezwungen werden müssen. Ist erst die Masse der Nation auf höhere Kulturstufe aufgestiegen, dann erträgt sie keine Staatsallmacht, keine Unterwerfung unter eine allmächtige Staatsgewalt mehr; ihr Sozialismus kann nur noch die Selbstverwaltung des Volkes im Wirtschaftsleben, das „industrial selfgovernment", die industrielle Demokratie sein.

In Rußland, wo das Proletariat nur eine kleine Minderheit der Nation darstellt, kann das Proletariat seine Herrschaft nur vorübergehend behaupten; es muß sie wieder verlieren, sobald die bäuerliche Masse der Nation kulturell reif genug wird, selbst die Herrschaft zu übernehmen. Im industriellen Westen dagegen, wo das industrielle Proletariat selbst bereits die Masse der Völker bildet, kann die Arbeiterklasse, wenn sie erst die Staatsgewalt erobert hat, den Staat dauernd beherrschen, solange es überhaupt Klassen und solange es überhaupt einen Staat gibt. In Rußland ist die Diktatur des Proletariats die Herrschaft einer Minderheit, und die juristische Form der Minderheitsherrschaft ist die Sowjetverfassung. Im industriellen Westen wird die Herrschaft des Proletariats die Herrschaft der Masse, der überwiegenden Mehrheit des Volkes sein und die juristische Form | der Mehrheitsherrschaft ist 70 die Demokratie. In Rußland, auf der Basis eines noch halbfeudalen Kulturniveaus der Volksmassen, kann sich die Diktatur des Proletariats nur in einem despotischen Sozialismus verwirklichen. Im industriellen Westen, auf ungleich höherem Kulturniveau der

Massen, wird die Herrschaft des Proletariats in der demokrati-
schen Selbstverwaltung aller Zweige der Güterproduktion und
Güterverteilung ihre Verwirklichung finden. Die vorübergehende
Herrschaft des industriellen Sozialismus im agrarischen Rußland
ist nur ein Flammenzeichen, das das Proletariat des industriellen
Westens zum Kampfe ruft; erst die Eroberung der politischen
Macht durch das Proletariat des industriellen Westens kann die
71 dauernde Herrschaft des industriellen Sozialismus begründen. |

Probleme der europäischen Revolution

~~~

3.1 Die soziale Revolution im Industriestaat

IN WEST- UND MITTELEUROPA hat sich schon im Schoße der feudalen Gesellschaft ein starkes Bürgertum entwickelt. Es hat schon in der zweiten Hälfte des Mittelalters seine eigene, städtische Kultur geschaffen und seine kommunale Freiheit gegen die Feudalherren in blutigen Kämpfen erstritten. Es hat schon im Zeitalter der Reformation seine Ideen als herrschende Ideen der Nation durchgesetzt. Es war in der Periode der Manufaktur die Stütze der aufsteigenden Königsgewalt gegen die Feudalherren. Es hat in der Epoche der bürgerlichen Revolution den Absolutismus der Königsgewalt zerbrochen und die Überbleibsel des Feudalismus zerschlagen. Es war und ist die soziale Basis der bürgerlichen Demokratie.

Nicht so in Rußland. Ein starkes Bürgertum hat sich in Rußland niemals entwickelt. War in West- und Mitteleuropa das zünftige Handwerk die Basis der modernen Stadt, so ist in Rußland das städtische Handwerk niemals zur Entwicklung gekommen. Die Kustari, die bäuerlichen Handwerker, versahen dort die Funktion, die in West- und Mitteleuropa das städtische Handwerk versehen hat. Die russischen Städte waren daher nicht mehr als Zentren der Zivil- und Militärverwaltung, die Masse der Bevölkerung bestand immer nur aus Beamten, Soldaten, Lakaien, Kleinhändlern, die in West- und Mitteleuropa einst so selbstbewußte und wehrhafte Schicht der Handwerksmeister und Handwerksgesellen hat der russischen Stadt stets gefehlt. Daher waren die russischen Städte der vorkapitalistischen Epoche niemals eine selbständige gesellschaftliche Macht. Sie waren nicht, wie einst in West- und Mitteleuropa, eine Stütze des Absolutismus, sondern nur sein Produkt. Sie waren nicht, wie später in West- und Mitteleuropa, die revolutionäre Kraft, die den Absolutismus brach, sondern nur die Zentren der Herrschaftsorganisation des Absolutismus. Eine bürgerliche Demokratie hat es in Rußland nicht gegeben und konnte es nicht geben.

Die Grundverschiedenheit der städtischen Entwicklung erklärt, warum in Rußland eine bürgerliche Revolution des west- und 72 mittel- | europäischen Typus nicht möglich war. Die Tatsache, dass sich in Rußland nie ein zahlreiches, wirtschaftlich selbständiges und darum selbstbewußtes Bürgertum entwickelt hat, erklärt, warum Rußland zu seiner Revolution erst gelangen konnte, als die Fabrik die russischen Städte umgestaltet, in ihnen ein zahlreiches industrielles Proletariat geschaffen hat. Sie erklärt also einerseits, warum sich der Absolutismus in Rußland um so viel länger behaupten konnte, warum die bürgerliche Revolution in Rußland um so viel später kommen mußte in West- und Mitteleuropa; sie erklärt anderseits, warum in Rußland die bürgerliche Revolution nur das unmittelbare Vorspiel der proletarischen Revolution sein konnte. Aber diese Grundverschiedenheit der städtischen Entwicklung erklärt damit zugleich auch, warum das Proletariat in West- und Mitteleuropa einem viel zahlreicheren, wirtschaftlich viel stärkeren, geistig viel selbstbewußteren Bürgertum gegenübersteht als in Rußland.[52]

Die Entwicklung des modernen Kapitalismus hat die Verschiedenheit zwischen dem russischen und dem europäischen Bürgertum noch verstärkt. In West- und Mitteleuropa hat sich die Kapitalistenklasse aus dem Schoße des heimischen Bürgertums entwickelt. Und die Existenz des Kapitals ist selbst die Grundlage der Existenz einer neuen mittleren und kleinen Bourgeoisie geworden. Denn der Mehrwert, den sich der Kapitalist aneignet, ist der Fonds, aus dem er den Arzt und den Advokaten, den Gelehrten und den Künstler, den Ingenieur und den Kaufmann besoldet und

---

[52] Trotzky, a.a.O., Seite 23 bis 27.

Luxusgewerbe aller Arten speist. So entwickelt sich in der west- und mitteleuropäischen Stadt mit der Kapitalistenklasse eine mittlere und kleine Bourgeoisie, deren wirtschaftliche Existenz unmittelbar an die Existenz der Kapitalistenklasse gebunden ist. Die Interessengemeinschaft zwischen beiden wird noch verengert durch die Entwicklung des Finanzkapitals. Die Entwicklung des Finanzkapitals „demokratisiert" einerseits den Kapitalbesitz: der „geistige Arbeiter", der seine Ersparnisse in Aktien einer Industriegesellschaft angelegt hat, fühlt sich mit dem Kapital, dass die Industriegesellschaft beherrscht, solidarisch. Die Entwicklung des Finanzkapitals trennt anderseits die Leitung der Unternehmungen von ihrem Besitz: der Fabrikbeamte weiß die Aussichten seiner Karriere, die Möglichkeiten seines Avancements abhängig von der Expansion der Aktiengesellschaften. So schart der moderne Kapitalismus in West- und Mitteleuropa neue, zahlreiche Schichten an sich; diese Schichten, deren wirtschaftliche Existenz an die Entwicklung der „nationalen Industrie" gebunden ist, sind die Träger der nationalistischen und imperialistischen Ideologie, in denen sich ihre Unterwerfung unter die Führung der Kapitalistenklasse ausdrückt.[53]

Rußland ist auch von dieser Entwicklung kaum erfaßt worden. Der russische Kapitalismus ist kein heimisches Gewächs. Er ist vom west- | mitteleuropäischen Finanzkapital nach Rußland verpflanzt worden. Die Kapitalisten, denen die Fabriken, Bergwerke, Eisenbahnen in Rußland gehörten, waren nicht Russen, sondern Franzosen und Engländer, Belgier und Deutsche. Der Mehrwert, den die russischen Arbeiter produzierten, wurde nicht in Petersburg und Moskau, sondern in Paris und London, in Brüssel und Berlin verzehrt. Er wurde daher nicht zur Bezahlung russischer, sondern französischer und englischer, belgischer und deutscher Ärzte, Lehrer, Schauspieler, Kokotten, Journalisten verwendet; nicht russische Luxusindustrien, sondern französische und belgische, englische und deutsche wurden aus dem von den russischen Arbeitern produzierten Mehrwert gespeist. Nicht in der russi-

73

---

[53] Hilferding, Das Finanzkapital. Wien 1910. Seite 438 bis 448.

schen, sondern in der französischen Klein- und Mittelbourgeoisie
wurden die Aktien der russischen industriellen Unternehmungen verbreitet. Ausländern blieben die führenden Stellungen in
der russischen Großindustrie vorbehalten. Mit dem Kapital, das
die russische Großindustrie beherrschte, fühlte sich also nicht so
sehr das russische als das westeuropäische kleine und mittlere
Bürgertum solidarisch. Die Tatsache, daß der moderne Kapitalismus in Rußland vom ausländischen Kapital begründet und
beherrscht wurde, erklärt also, warum sich in Rußland vom ausländischen Kapital begründet und beherrscht wurde, erklärt also,
warum sich in Russland nicht, wie in West- und Mitteleuropa,
eine zahlreiche Klein- und Mittelbourgeoisie entwickelt hat, die
durch ihre wirtschaftlichen Interessen an das Kapital gebunden
ist und geistig unter der Führung des Kapitals steht.[54]

So steht in West- und Mitteleuropa dem Proletariat eine kleine
und mittlere Bourgeoisie gegenüber, die einen bedeutend größeren Teil der Bevölkerung bildet als in Rußland und die sich mit
dem Kapital viel stärker solidarisch fühlt als in Rußland. Aber
es ist nicht nur der Feind, den das Proletariat niederzukämp-
fen hat, viel zahlreicher und viel geschlossener als in Rußland;
hier hätte auch die soziale Revolution selbst, in russischen Formen vollzogen, ganz andere Wirkungen als dort. Die plötzliche,
gewaltsame, ohne Entschädigung vollzogene Expropriation des
Kapitals, die einfache Annullierung aller Mehrwerttitel, der Akti-
en und der Staatsschuldverschreibungen, der Hypotheken und
der Pfandbriefe trifft in Rußland in der Hauptsache nur das große
Kapital, und zwar vornehmlich das ausländische Großkapital. In
West- und Mitteleuropa würde sie breite Massen des Kleinbürgertums, der Intelligenz, der Angestellten- und Beamtenschaft, der
Bauernschaft, die ihre Ersparnisse, ihren Notpfennig, hier schon
in den von dem modernen Finanzkapital entwickelten Forinen,
in Aktien, Staatsschuldverschreibungen, Pfandbriefen, Anlegen,
expropriieren und damit unvergleichlich schwerere soziale Erschütterungen hervorrufen als in Rußland. Wenn in Rußland das

---

[54] Kautsky, Der amerikanische Arbeiter. „Neue Zeit", XXIV. 1., Seite 677 ff.

Kapital expropriiert wird, so werden unmittelbar die Aktionäre
der russischen Industriegesellschaften, die in Paris, in Brüssel,
in London sitzen, und | es werden dadurch mittelbar die fran-   74
zösischen, belgischen, englischen Luxusindustrien, die für den
Bedarf dieser Kapitalisten arbeiten, getroffen; wenn in West- und
Mitteleuropa die Kapitalisten enteignet werden, so verlieren mit
einem Schlage die heimischen Luxusindustrien die Grundlage
ihrer Existenz, es werden mit einem Schlage hunderttausende
Kleingewerbetreibende, Arbeiter, Angestellte, Intellektuelle aller
Arten ihres Verdienstes beraubt, und die Überführung dieser Massen zu anderen Berufen ist ein sehr langwieriger und schmerz-
hafter Prozeß, es tritt hier also eine unvergleichlich schwerere
wirtschaftliche Krise ein.

Die Verschiedenheit des russischen und des europäischen Bürgertums zeigt sich auch in der verschiedenen Stellung der Intelligenz hier und dort. Unter dem Absolutismus war die Intelligenz überall revolutionär. Die bürgerliche Revolution vollzog sich
überall unter ihrer Führung. In West- und Mitteleuropa stand die
Intelligenz in der Epoche der bürgerlichen Revolution an der Spitze der bürgerlichen Demokratie. In Rußland fand die Intelligenz
keine bürgerliche Demokratie vor. Sie konnte hier kein anderes
Feld der Betätigung ihrer revolutionären Gesinnung finden als
die Arbeiterbewegung, sich keine andere revolutionäre Ideen-
welt aneignen als die des Sozialismus. So ist seit dem Anfang der
Neunzigerjahre die ganze russische Intelligenz durch die Schule
des Sozialismus gegangen. Nirgends haben sich so viele Intellektuelle sozialistischen Parteien angeschlossen, nirgends hat
der Marxismus die bürgerliche Wissenschaft so stark beeinflußt,
nirgends hat soziales Fühlen in der Kunst so gewaltigen Ausdruck
gefunden wie in Rußland. In einer Zeit, in der die Intelligenz in
West- und Mitteleuropa ganz unter dem Bann des Imperialismus
geraten war, stand ein sehr großer Teil der russischen Intelligenz
ganz unter dem des Sozialismus eininflu. In einer Zeit, in der der
schnelle Aufstieg der „nationalen Industrie" der Stolz und die
Hoffnung der west- und mitteleuropäischen Intelligenz war, sah

die russische Intelligenz im Kampfe des Proletariats gegen das ausländische Kapital, das die russische Industrie beherrschte und den russischen Absolutismus zu seinem Steuereintreiber machte, den Befreiungskampf der russischen Nation gegen fremde Bedrücker.[55]

Aber selbst diese bis zur Revolution vom Sozialismus so mächtig beeinflusste Intelligenz, selbst sie schaudert vor der proletarischen Revolution zurück, selbst sie wird sofort in das Lager der Bourgeoisie zurückgeworfen, als sie sich endlich der wilden Bewegung leibhaftiger Proletarier handgreiflich gegenübersieht. Die Oktoberrevolution stößt auf den leidenschaftlichen, erbittertsten Widerstand der Intelligenz. In den ersten Wochen nach der Oktoberrevolution sabotieren die Ingenieure die Arbeit in den Fabriken, stellen die Lehrer den Unterricht ein, weigern sich die Ärzte, Kranke zu heilen![56] Stößt die | proletarische Revolution selbst in Rußland auf solchen Widerstand der Intelligenz, obwohl diese Intelligenz sich seit einem Menschenalter unter dem starken Einfluß des Sozialismus entwickelt hat, auf welchen Widerstand wird sie dann erst in West- und Mitteleuropa stoßen, wo die Interessen der Intelligenz unvergleichlich stärker an das Kapital gebunden sind und wo die überwiegende Mehrheit der Intellektuellen geistig unter dem Einfluß des Nationalismus und Imperialismus steht! Hier ist die Führung der rede- und schriftgewandten Intelligenz eine der wichtigsten Machtquellen der Bourgeoisie. Hier muß der Widerstand der Intelligenz, ohne deren Mitwirkung kein Staat verwaltet, keine Fabrik betrieben, keine Volkswirtschaft organisiert werden kann, zu einem der furchtbarsten Hindernisse der proletarischen Revolution werden.

Hat der Kapitalismus in West- und Mitteleuropa das städtische Bürgertum viel stärker an seine Interessen binden und seinem Einfluß unterwerfen können als in Rußland, so hat er hier zugleich auf dem Lande seine festeste Stütze gefunden in einer zahlreichen, wirtschaftlich starken, von kapitalistischen Geiste

---

[55] Kautsky, a.a.O., Seite 680.

[56] Ustinow, Intelligenzia i oktjabrskij pereworot. Moskau 1918. Seite 12.

erfüllten Bauernschaft. Seit der bürgerlichen Revolution hat die
west- und mitteleuropäische Bauernschaft eine ganze Reihe verschiedener Entwicklungsphasen durchlaufen, von denen jede
die Machtverhältnisse der Klassen in der kapitalistischen Gesellschaft wesentlich bestimmt und verändert hat.

In der Epoche der bürgerlichen Revolution steht der Bauer
gegen den Grundherrn. Die Aufhebung der Erbuntertänigkeit
und der Fronpflicht, die Abschaffung der Abgaben an den Gutsherrn, die neue Regelung der Wald- und Weidedienstbarkeiten
auf dem Herrnlande, die Aufteilung des Herrnlandes selbst auf
die Bauern — das sind die Ziele der *antifeudalen* Bauernpolitik
dieser Entwicklungsphase. Aber der Bauer ist noch nicht reif,
diese Ziele durch eine selbständige, zielbewußte Politik zu erreichen. Die Bauern sind „unfähig, ihr Klasseninteresse im eigenen
Namen, sei es durch ein Parlament, sei es durch ein Konvent,
geltend zu machen. Sie können sich nicht vertreten, sie müssen
vertreten werden. Ihr Vertreter muß zugleich als ihr Herr, als
eine Autorität über ihnen erscheinen, als eine unumschränkte
Regierungsgewalt, die sie vor den anderen Klassen beschützt
und ihnen von oben Regen und Sonnenschein schickt. Der politische Einfluß der Parzellenbauern findet also darin seinen letzten
Ausdruck, daß die Exekutivgewalt sich die Gesellschaft unterord-
net".[57] Die unumschränkte Regierungsgewalt, die den Bauern
vom Feudalismus befreit und ihn dabei doch zugleich als sein
Herr gegenübertritt — das ist die Schreckensherrschaft des Kon-
vents, das ist der militärische Absolutismus Bonapartes, das ist
die Diktatur der Sowjets.[58] | 76

Sobald der Feudalismus aufgelöst ist, setzt eine neue Entwicklung ein. Mit der Entwicklung der Großstädte und der Großindustrie tritt an die Stelle des lokalen Marktes, auf dem der Bauer
sein Getreide unmittelbar an den Müller, sein Vieh unmittelbar

---

[57] Marx, Der 18. Brumaire. Seite 102.

[58] In Italien, in Rumänien, in den baltischen „Randstaaten", in der Slowakei, in
Bosnien, vielleicht auch in Polen und in Ungarn, bestehen heute noch Möglichkeiten solcher Entwicklung.

an den Metzger verkauft hatte, der nationale und internationale
Markt, auf dem sich zwischen den Bauern und den Verbrauchern
eine ganze Kette von Händlern einschiebt. Der wirtschaftlich
unerfahrene, an Geldrechnung nicht gewöhnte Bauer sieht sich
dem geriebenen Händler gegenübergestellt. Es sieht den Preis
seiner Produkte durch das ihm unverständliche Spiel der Börse
bestimmt. Zugleich wird die bäuerliche Naturalwirtschaft immer
mehr aufgelöst, mit der Einspannung des Bauern in die Geldwirtschaft wächst der Kapitalbedarf des Bauern, der Bauer gerät in
die Klauen des Wucherers, auf seinem Boden häufen sich die Hypotheken, und die Hypothekenlast wird ihm unerträglich, sobald
seit den Siebzigerjahren der Wettbewerb des amerikanischen und
des russischen Getreides die Getreidepreise zu senken beginnt.
Nicht mehr im Feudalherrn, sondern in dem Handels-, Wucher-,
Hypotheken- und Börsenkapital sieht der Bauer jetzt den Feind.
„Im Laufe des 19. Jahrhunderts trat an die Stelle das Feudalherrn
der städtische Wucherer, an die Stelle der Feudalflüchtigkeit des
Bodens die Hypothek, an die Stelle des aristokratischen Grundeigentums das bürgerliche Kapital. Die Parzelle des Bauern ist nur
noch der Vorwand, der dem Kapitalisten erlaubt, Profit, Zinsen
und Rente von dem Acker zu ziehen und den Ackerbauern selbst
zusehen zu lassen, wie er seinen Arbeitslohn herausschlägt".[59]
Damit beginnt nun die *antikapitalistische* Phase der Bauernpolitik.
Die Wiederherstellung der Wuchergesetze und des Anerbenrech-
tes, die Bodenentschuldung, das Verbot des Terminhandels, die
Organisierung bäuerlicher Kreditgenossenschaften sind ihre Ziele. Aber die Kampfstellung gegen den Kapitalismus hat den Bauern nicht, wie Marx hoffte, zum Bundesgenossen des Proletariats,
sondern zum Bundesgenossen des städtischen Kleinbürgertums,
vor allem des kapitalshörigen Handwerks gemacht, das in dieser
Epoche einen ähnlichen Kampf gegen das Handels- und das Wu-
cherkapital führte. Und der kleinbürgerliche Antikapitalismus
der Handwerker und der Bauern wurde zum Machtinstrument
der Feudalherren und der Kirche, die die gegen das „mobile Ka-

---

[59] Marx, a.a.O., Seite 105.

pital" erbitterten Handwerker und Bauern als Sturmbock gegen
den bürgerlichen Liberalismus benützen. Es war die Blütezeit
des christlichen und des feudalen „Sozialismus" und des Antise-
mitismus, die Zeit, in der reaktionäre Parteien die Bauernschaft
zu ihren Zwecken organisierten. In diesen Kämpfen wurde das
politische Interesse der Bauernschaft geweckt und wurden die
Bauern zum Lesen von Zeitungen, zur Führung von Wahlkämp-
fen, zur Benützung der lokalen Selbstverwaltung für ihre Klassen-
zwecke erzogen. So war das Ergebnis dieser Entwicklungsphase
eine wesentliche Hebung des | politischen Kulturniveaus der Bau- 77
ernschaft. Vor allem aber haben die Kämpfe dieser Periode der
Entwicklung des landwirtschaftlichen Genossenschaftswesens
den stärksten Antrieb gegeben.

Seit der Mitte der Neunzigerjahre werden neue Entwicklungs-
tendenzen bemerkbar. Eine neue Generation ist herangewachsen,
die bereits eine bessere Volksschulbildung genossen hat und bereits unter stärkerer Einwirkung der städtischen Zivilisation erzogen ist, die nicht mehr so stark an dem Überlieferten hängt, die
das bäuerliche Leben merklich rationalisiert. Das zeigt sich auch
in der privaten Lebensführung des Bauern — man denke zum Beispiel an das Verschwinden der Trachten oder an die Verbreitung
des Zweikindersystems — vor allem aber in der Nationalisierung
und Intensivierung der bäuerlichen Wirtschaft. Die Hektarerträge erfahren in dieser Periode eine bedeutende Steigerung. Die
Intensivierung der bäuerlichen Wirtschaft wird erleichtert durch
das seit der zweiten Hälfte der Neunzigerjahre einsetzende Steigen der Weltmarktpreise für Getreide und durch das gleichzeitig
infolge des Wachstums der Städte und Industriegebiete einsetzende Steigen der Preise des Viehs, der Milch, des Gemüses. Steigen
bei wachsenden Hektarerträgen die Preise, so ist die Hypothek
keine drückende Last mehr. Den Wucher hat die Raiffeisenkasse
aus dem Dorf vertrieben. Der Handel ist teils durch die Genossenschaften ausgeschaltet, teils hat er seine Schrecken verloren,
seitdem der Bauer besser zu rechnen versteht. Über die Börse
beschwert sich der Bauer nicht mehr, seitdem sie steigende Prei-

se notiert. Die antikapitalistische Stimmung der Bauernschaft
ist verschwunden. Ganz andere Fragen bewegen jetzt die Bauernschaft. Sie sucht vor allem durch Schutzzölle die Preise der
Agrarprodukte hochzuhalten. Im Kampf um die Zölle steht sie
Arm in Arm nicht nur mit dem Großgrundbesitz, sondern auch
mit der schutzzollbedürftigen Großindustrie gegen die städtische
Arbeiterschaft. In den Zollkämpfen eignet sich die Bauernschaft
endgültig alle Methoden der politischen Vertretung ihrer Klasseninteressen an, sie tritt als eine selbständige und selbstbewußte Klasse auf und sie lernt es zugleich, das Proletariat als ihren
Hauptfeind anzusehen. Gleichzeitig lockt die schnelle Entwicklung der Industrie die Arbeiter vom Lande in die Stadt, der durch
die Intensivierung der bäuerlichen Wirtschaft erhöhte Bedarf an
Arbeitskräften kann infolge der Landflucht nicht mehr befriedigt
werden, die „Leutenot" weckt auch die „Begehrlichkeit" der landwirtschaftlichen Arbeiter. Der Bauer stellt sich nun auch jeder
Besserung der Lage der städtischen Arbeiter entgegen, weil sie
die Landflucht fördert, also auch die „Leutenot" im Dorfe und die
„Begehrlichkeit" der Landarbeiter verschärft. Wiederum blickt
der Bauer im Proletariat seinen Feind. Der Bauer beginnt sich
vor allem als Besitzender zu fühlen, mit dem Großgrundbesitz
und mit dem industriellen Unternehmertum durch gemeinsame
Interessen geeint. Die *antiproletarische* Entwicklungsphase der
78 Bauernpolitik prägt sich immer deutlicher aus. |

Der Krieg beschleunigt diese Entwicklung. Er befreit den Bauern von den Hypotheken. Der Bauer akkumuliert bedeutende
Kapitalien, er legt sie in Staatsschuldverschreibungen an, er legt
sie in Banken ein; er wird an der Unantastbarkeit aller Mehrwerttitel in hohem Maße interessiert. Zugleich kämpft er Arm in Arm
mit dem städtischen Handelskapital gegen ihm im Interesse der
städtischen Verbraucher aufgezwungene, von der städtischen
Arbeiterschaft festgehaltene staatliche Bewirtschaftung seiner
Erzeugnisse. Endlich wecken Krieg und Revolution auch die landwirtschaftlichen Arbeiter. Große Massen von Ihnen finden zum
erstenmal den Weg zur gewerkschaftlichen Organisation und

führen erfolgreiche Lohnkämpfe durch. Dadurch wird der Gegensatz zwischen der Bauernschaft und dem Proletariat überaus
verschärft.

Die letzte Wurzel der russischen Revolution ist die Überfüllt-
heit des russischen Dorfes. Die Tatsache, daß in den Bauernhäu-
sern mehr Menschen lebten, als auf dem Bauernlande ihre Arbeitskraft betätigen und ihre Nahrung erarbeiten konnten, hat
den russischen Bauern revolutioniert. Die bestimmende Tatsache des bäuerlichen Denkens in West- und Mitteleuropa ist die
Leutenot, die Entleerung des Dorfes; sie treibt den Bauern in das
Lager der Bourgeoisie. Der russische Bauer hat selbst auf dem
Herrnlande Lohnarbeit leisten müssen; die ganze Denkweise des
west- und mitteleuropäischen Bauern verdankt dem Proletariat den Boden; der west- und mitteleuropäische Bauer haßt das
Proletariat, das die Preise seiner Produkte drückt und die Löhne
seiner Arbeiter emportreibt. Der russische Bauer ist politisch uninteressiert und unbeweglich; der west- und mitteleuropäische
ist zwei Menschenalter an den politischen Kämpfen beteiligt und
im Gebrauch aller politischen Kampfmittel geschult. Den russischen Bauern konnte das Proletariat seiner Führung unterwerfen,
der west- und mitteleuropäische Bauer steht dem Proletariat in
geschlossener Kampffront gegenüber. Dem russischen Bauern
konnte das Prolotariat in seiner Sowjetverfassung der Form nach
volles Bürgerrecht einräumen und ihn dabei tatsächlich noch me-
diatisieren; der west- und mitteleuropäische Bauer ist nicht mehr
mediatisierbar, eine Rätediktatur hier müßte ihn wahrscheinlich
gewaltsam entrechten, gewaltsam niederwerfen und niederhal-
ten. Aber gewaltsam entrechten kann die Revolution Klassen, die
nur einen kleinen Teil der Bevölkerung bilden und die Parasiten
am Gesellschaftskörper sind; die gewaltsame Entrechtung einer
überaus zahlreichen Klasse, die eine lebenswichtige Funktion
im gesellschaftlichen Organismus versieht, deren Arbeit der Gesellschaft unentbehrlich ist, deren passive Resistenz schon zu
der gefährlichsten Stockung des gesellschaftlichen Stoffwechsels
führen muß, kann schwerlich gelingen.

Keinesfalls kann die Revolution obsiegen, wenn Sie auf dem Lande überhaupt keine Stütze hat. Kann die proletarische Revolution den Bauern nicht gewinnen, so muß sie sich auf dem Lande

79 auf die | landwirtschaftlichen Arbeiter und die Häusler stützen. Die politische Differenzierung des Landvolkes, die Entwicklung des Gegensatzes zwischen „Dorfarmut" und „Dorfbourgeoisie" kann in West-und Mitteleuropa leichter gelingen als in Rußland, wo das Landvolk infolge der Feldgemeinschaft sozial weniger differenziert ist als hier. Die mitteleuropäische Revolution von 1918 hat den Boden gelockert; das Erwachen der landwirtschaftlichen Arbeiter ist vorläufig wichtigstes Ergebnis.

Freilich sind die Voraussetzungen nicht überall gleich. Wir haben auch in Mitteleuropa, zum Beispiel in unseren Alpenländern, weite Gebiete, in denen die Bauernschaft wenig differenziert und das ländliche Proletariat nur in dem Gesinde verkörpert ist. Das Gesinde aber rekrutiert sich aus Bauernsöhnen und Bauerntöchtern, es teilt völlig das Schicksal der Bauernfamilie, es fußt dabei auch geistig und politisch im Bauernhause. In Gebieten mit solcher Agrarverfassung könnte die proletarische Revolution auf dem Lande überhaupt keine Stütze finden.

In Gebieten dagegen, wo der landwirtschaftliche Großbetrieb überwiegt und ein zahlreiches Landproletariat in seinem Dienste steht, aber wo der bäuerliche Betrieb vorwaltet, der in einer zahlreichen Schicht von Kleinhäuslern seine Arbeitskräfte findet, kann das industrielle Proletariat auf dem Gutshofe und im Dorfe Bundesgenossen finden. Hier aber erwachen der proletarischen Revolution andere schwierige Probleme.

Im größten Teile Rußlands hat der Großgrundbesitz seinen Boden nicht kapitalistisch bewirtschaftet, sondern ihn teils an Bauern verpachtet, teils von den Bauern nach dem „Abarbeitungssystem" bearbeiten lassen. Dort war daher die Produktivität der Arbeit auf dem Herrenlande sehr gering, die Intensität der Bewirtschaftung des Herrenlandes sehr niedrig. In West- und Mitteleuropa dagegen ist Großgrundbesitz die Grundlage des kapitalistischen Großbetriebes, die Produktivität der Arbeit ist in diesen Betrieben viel höher als im bäuerlichen Kleinbetrieb, der Großbetrieb hat an die Städte viel höhere Überschüsse abzugeben und ist daher die Grundlage ihrer Lebensmittelversorgung. Hier kann die proletarische Revolution den landwirtschaftlichen Großbesitz nur sozialisieren; seine Aufteilung auf Kleinbauern und Landarbeiter kann sie nicht zulassen, wenn Sie nicht die Landwirtschaft auf ein niedrigeres technisches Niveau zurückwerfen und damit nicht bloß für den Augenblick die Lebensmittelversorgung der Städte gefährden, sondern auf die Dauer die Lebenshaltung der Volksmassen drücken will. Eine Revolution des russischen Typus, die zunächst die Schranken des Privateigentums einfach niederreißt und es der „Schöpferkraft der Massen" überläßt, die Grundeigentumsverhältnisse neu zu gestalten, würde auch hier wahrscheinlich zur Aufteilung des Großgrundbesitzes, damit aber zu einer nur der Form nach revolutionären, in Wirklichkeit technisch und sozial reaktionären Umwälzung der Agrarverfassung führen. Es wird eine | der wichtigsten und 80 schwierigsten Aufgaben der proletarischen Revolution in West- und Mitteleuropa sein, dafür zu sorgen, daß die Revolution der Grundeigentumsverhältnisse nicht der elementaren Bewegung des Landproletariats überlassen, sondern durch die Staatsgewalt planmäßig durchgeführt und gemäß dem gesellschaftlichen Gesamtinteresse durchgeführt werde.

Überhaupt könnte es der komplizierte Mechanismus des modernen Industriestaates nicht ertragen, daß die Umwälzung der Eigentumsverhältnisse in gleicher Weise der elementaren, instinktiven, planlosen Massenaktion überlassen wird, wie dies in Rußland im ersten halben Jahre nach der Oktoberrevolution geschehen ist. In Rußland besteht die überwiegende Mehrheit der Bevölkerung noch aus Bauern; ihre Lebensmittelversorgung ist in keinem Falle gefährdet. Die Bevölkerung der Städte aber, die nur einen verhältnismäßig kleinen Teil der Gesamtbevölkerung bildet, kann zur Not immer durch Requisitionen in den riesigen Agrargebieten mit dem Notwendigsten versorgt werden. West- und Mitteleuropa, wo ein ungleich größerer Teil der Bevöl-

kerung in Großstädten und dichtbevölkerten Industriegebieten
zusammengedrängt wohnt, bedarf eines ungleich komplizierte-
ren Transport-, Verteilungs- und Austauschmechanismus, um
seine Städte und Industriegebiete vor dem Hunger zu schützen.
Jede Störung des gesellschaftlichen Stoffwechsels kann hier zur
Hungerkatastrophe führen, in der die Revolution selbst unter-
gehen müßte. Die russische Revolution hat zunächst die ganze
Maschinerie des Staates und der Volkswirtschaft anarchistischen,
zerstörenden, elementaren Gewalten preisgegeben; erst nachdem durch sie die ganze bürokratische Staatsmaschine und die
ganze kapitalistische Organisation der Volkswirtschaft aufgelöst
waren, ist sie dazu übergegangen, allmählich aus dem Chaos eine
neue Ordnung zu gestalten. Gewiß ist dieses Verfahren das radi-
kalste Mittel, den ganzen alten Herrschaftsapparat vollständig
zu zerstören und die Elemente für einen Neubau vom Grunde aus
freizusetzen. Aber eine so gewaltsame, so langwierige, die Kontinuität der staatlichen und wirtschaftlichen Verwaltung so völlig
zerreißende Operation trägt der robuste Körper eines Agrarlan-
des; der empfindlichere Organismus eines Industriestaates würde an ihr zugrunde gehen. In West- und Mitteleuropa wird die
proletarische Revolution darauf bedacht sein müssen, daß der
gesellschaftliche Stoffwechsel nicht unterbrochen wird. Sie wird
daher keine kapitalistische Organisation zerstören dürfen, ehe
nicht die sozialistische Organisation bereitsteht, die sie ablösen
und ihre Funktionen weiterversehen soll.

Vor allem aber darf die proletarische Revolution auch die internationalen Wirtschaftsbeziehungen nicht unterbrechen. Ein
Agrarland wie Rußland, das vom Ertrag der eigenen Ernten lebt
und in dessen Volkswirtschaft die auf ausländische Rohstoffe
angewiesenen Industrien eine verhältnismäßig untergeordne-
te Bedeutung haben, kann jahrelange Absperrung vom Ausland
ertragen. Ein moderner Industriestaat kann das nicht. Mittel-
81   und Westeuropa haben auch | unter normalen Produktionsbe-
dingungen ohne die Zufuhr überseeischer Nahrungsmittel nicht
leben können; heute, da der Krieg unseren Boden ausgesogen

hat, können wir diese Zufuhr noch weniger entbehren. Und ohne amerikanische Baumwolle und amerikanisches Kupfer, ohne australische Schafwolle und afrikanisches Gummi kann Mittel- und Westeuropa nicht arbeiten. Anderseits aber ist unsere Produktion heute viel kleiner als unter normalen Bedingungen. Unsere Arbeitskraft ist infolge jahrelanger Unterernährung weniger leistungsfähig, unsere Dampfkessel können infolge Kohlenmangels nicht geheizt werden, unseren Arbeitsmaschinen fehlt das Arbeitsmaterial. Daher sind wir nicht imstande, die Nahrungsmittel und Rohstoffe, die wir brauchen, für die Produkte unserer Arbeit einzutauschen. Die Handelsbilanz aller Länder West- und Mitteleuropas schließt mit einem ungeheuren Passivsaldo ab. Da wir die Nahrungsmittel und die Rohstoffe, die wir brauchen, nicht mit den Produkten unserer gegenwärtigen Arbeit zu bezahlen imstande sind, müssen wir sie mit den Produkten unserer vergangenen oder unserer zukünftigen Arbeit bezahlen. Unserer vergangenen Arbeit: wir müssen also einen Teil unseres Produktionsapparates, müssen unsere Fabriken, müssen Aktien unserer Industriegesellschaften ausländischen Kapitalisten verkaufen. Unserer künftigen Arbeit: wir müssen also Kredite im Ausland aufnehmen und einen Teil unserer künftigen Arbeitserträge ausländischen Kapitalisten als Zins versprechen; wir müssen ausländisches Kapital ins Land rufen, es hier neue Unternehmungen errichten, sich hier in Zukunft Mehrwert aneignen lassen. All das ist unvermeidliche, unentrinnbare Kriegsfolge; denn es gibt keine andere Möglichkeit, das Passivsaldo unserer Handelsbilanz zu bedecken, das heißt die Lebensmittel und Rohstoffe, die uns unentbehrlich sind und die wir doch nicht mit den Produkten unserer gegenwärtigen Arbeit bezahlen können, zu erlangen. Und diese Notwendigkeit besteht, wenn auch in sehr verschiedenem Maße, für alle Länder West- und Mitteleuropas, die am Kriege beteiligt waren. Aber werden ausländische Kapitalisten Aktien unserer Industriegesellschaften erwerben, unsere Industrierohstoffe kreditieren, in unserem Lande ihr Kapital anlegen, wenn Sie eine proletarische Revolution mit entschädigungsloser Ex-

propriation bedroht? Und wie will eine proletarische Revolution
die Lebensmittelversorgung des Volkes sichern, die Industrie
mit Rohstoffen versorgen, wenn Sie selbst die einzig mögliche
Methode der Beschaffung ausländischer Lebensmittel und Rohstoffe unmöglich macht? Wiederum steht hier die proletarische
Revolution in Mittel- und Westeuropa vor einem Problem, das
für die Revolution in dem agrarischen Rußland, das ausländische
Lebensmittel überhaupt nicht und ausländische Rohstoffe nicht
ebenso dringend braucht, eine ungleich geringere Bedeutung
hatte. Es ist wahr, daß der Krieg die subjektiven, psychischen
Bedingungen der proletarische Revolution geschaffen hat, indem er die europäischen Arbeitermassen revolutioniert hat; aber
ebenso wahr ist auch, dass der Krieg die objektiven, wirtschaft-
82 lichen Bedingungen | der proletarischen Revolution in den im
Kriege beteiligten Industriestaaten wesentlich verschlechtert
hat, indem er ihre Produktion zerrüttet und dadurch ihre Abhängigkeit vom Ausland, vor allem von dem durch den Krieg nicht
verelendeten, sondern ungeheuer bereicherten, daher auch nicht
revolutionierten Amerika, ungeheuer vergrößert hat.

Was bedeutet das Passivum unserer Handelsbilanz? Daß wir
amerikanisches Getreide, amerikanisches Kupfer u.s.w., also Produkte der Arbeit amerikanischer Arbeiter, konsumieren müssen,
ohne den amerikanischen Arbeitern dafür Produkte unserer Arbeit liefern zu können. Aber selbst innerhalb einer sozialistischen
Organisation der Weltwirtschaft würden uns die amerikanischen
Arbeiter ihre Arbeitsprodukte nicht ohne Gegenleistung überlassen; denn das würde ja bedeuten, daß die amerikanischen
Arbeiter von uns ausgebeutet würden. Selbst in einer sozialistischen Organisation der Weltwirtschaft müßten wir, wenn wir die
Arbeitsprodukte der amerikanischen Arbeiter nicht mit den Produkten unserer gegenwärtigen Arbeit eintauschen können, sie
mit Produkten unserer vergangenen Arbeit, also durch Abtretung
eines Teiles unseres Produktionsapparates, oder mit Produkten
unserer künftigen Arbeit, also mit Anweisungen auf einen Teil
unserer künftigen Arbeitserträgnisse, bezahlen. Der Verkauf un-

serer Industrieaktien an ausländische Kapitalisten, die Aufnahme
verzinslicher Kredite vom ausländischen Kapital, die Überlassung
der Ausbeutung unserer Produktivkräfte an ausländische Kapitalisten — das sind nur die dem Kapitalismus eigentümlichen
Formen, in denen sich der Tausch gegenwärtiger ausländischer
Arbeitsprodukte gegen vergangene und künftige inländische Arbeitsprodukte vollzieht. Diesen Tausch selbst kann die proletarische Revolution in Mittel- und Westeuropa nicht entbehren.
Sie kann ihn nur in den dem Kapitalismus eigentümlichen Formen vollziehen, solange die über die Lebensmittel und Rohstoffe
verfügenden Länder kapitalistisch sind. Aber sie macht zugleich,
eben als proletarische Revolution, die die kapitalistischen Formen sprengt, die Anwendung der kapitalistischen Formen dieses
Güteraustausches und damit diesen Tausch selbst unmöglich. So
stößt hier die proletarische Revolution auf eine Schranke, die
ihre Aktionsfreiheit furchtbar beengt. Diese Schranke ist nicht
eine Schranke der proletarischen Revolution überhaupt, wohl
aber eine Schranke der proletarischen Revolution im *nationalen*
Maßstabe. Die Aktionsfreiheit der proletarischen Revolution in
West- und Mitteleuropa ist dadurch beengt, daß der Krieg einerseits das europäische Festland verwüstet und hier dadurch die
psychischen Voraussetzungen der proletarischen Revolution geschaffen, anderseits aber Amerika bereichert und dort dadurch
den Kapitalismus befestigt hat.

   So sind die wirtschaftlichen und sozialen Voraussetzungen der
proletarischen Revolution in West- und Mitteleuropa ganz andere
als in Rußland. Deshalb muß sich die proletarische Revolution
hier in ganz anderen Formen vollziehen aus dort. | 83

   Die proletarische Revolution wird hier vor allem die Kontinuität des gesellschaftlichen Produktions- und Zirkulationsprozesses sichern, jede Unterbrechung des gesellschaftlichen Stoffwechsels vermeiden müssen. Deshalb wird sie die Industrie und
den Handel weder einer anarchischen „Arbeiterkontrolle" über-
antworten, noch mit einem Schlage rationalisieren dürfen. Sie
wird schrittweise vorgehen müssen: zunächst nur diejenigen

Zweige der Produktion und des Handels rationalisieren, in denen der Übergang von der kapitalistischen zur sozialistischen Organisation ohne Unterbrechung Produktion und des Betriebes erfolgen kann. Und sie wird nicht alle Zweige der Produktion nach demselben Plane Sozialisierung dürfen, sondern die Formen der Sozialisierung den besonderen Verhältnissen einzelnen Produktionszweige anpassen müssen. Kann aus manchen Produktionszweigen der Kapitalist vollständig ausgeschaltet werden, so wird man sich in anderen Produktionszweigen, in denen die organisierende Arbeit des Unternehmers noch unentbehrlich ist, zunächst damit begnügen müssen, den Unternehmer wirksamer gesellschaftlicher Kontrolle zu unterwerfen und ihn dadurch, ohne daß sein Interesse an dem Betriebserfolg aufgehoben und seine Initiative ertötet wird, in ein Organ der Gesellschaft zu verwandeln. Die proletarische Revolution wird insbesondere die Umgestaltung der ländlichen Grundeigentumsverhältnisse nicht elementaren Massenbewegungen überlassen dürfen, sondern fest in ihren Händen behalten müssen. Sie wird endlich die Formen, den Umfang und insbesondere auch den Zeitpunkt der Sozialisierung so bestimmen müssen, daß die Beschaffung von Auslandskrediten und der zur Deckung des Lebensmittel- und Rohstoffbedarfes unentbehrliche Kapitalimport aus dem Ausland nicht unmöglich gemacht werden.

Aus denselben Gründen wird die proletarische Revolution so verfahren müssen, daß diejenigen Schichten der besitzenden Klassen, deren Arbeit im System des gesellschaftlichen Produktionsprozesses unentbehrlich ist, diese Arbeit nicht unterbrechen, sondern fortführen. Es sind dies die Intelligenz, soweit ihre Arbeit für die Verwaltung des Staates und des Produktionsapparates notwendig ist, die Bauernschaft und das Unternehmertum der Kleinindustrie. In West- und Mitteleuropa können diese Schichten nicht, wie in Rußland, mediatisiert werden. Aber man kann sie auch nicht einfach entrechten; denn dies würde ihre gewaltsame Niederwerfung und Niederhaltung erfordern und damit ihre den ganzen Stoffwechsel unterbrechende Sabotage herausfordern.

Man wird Ihnen hier also auch Einfluß auf den gesellschaftlichen Gesamtorganismus, auf den Staat, sei es auch nur in der Stellung einer kontrollierenden Opposition, lassen müssen.

Aus alldem folgt weiter, daß die proletarische Revolution in West- und Mitteleuropa die mannigfaltigen Mehrwerttitel — Staatsschuldverschreibungen, Pfandbriefe Hypotheken Bankdepositen u.s.w. — nicht mit einem Federstrich annullieren und daß sie die Expropriation des industriellen Kapitals und des Grundbesitzes nicht ohne Ent- | schädigung durchführen kann. Die $\quad$ 84 Expropriation ohne Entschädigung wäre zulässig, wenn man die ganze Kapitalistenklasse gleichzeitig expropriieren könnte; sie hätte unerträgliche soziale Folgen, wenn man die Sozialisierung nur schrittweise durchführt, also den Kapitalisten eines Industriezweiges ihr Eigentum einfach konfisziert, die Kapitalisten eines anderen Industriezweiges in ihrem Besitze läßt. Die einfache Annullierung der Mehrwerttitel würde nicht nur das Kapital, sondern auch breite Schichten der Kleinbourgeoisie, der Intelligenz, der Bauernschaft zum leidenschaftlichen Widerstand treiben. Sie würde gleichzeitig auch alle die Industriezweige und Gewerbe, in deren Erzeugnissen sich der Mehrwert darstellt — Luxusindustrien u.s.w. — mit einem Schlage vernichten, die breiten Intelligenzschichten, die die Kapitalisten aus dem Mehrwert besolden, brotlos machen und damit ganze Heere nicht nur von Gewerbetreibenden und Intellektuellen, sondern auch von Arbeitern in das Lager Konterrevolution treiben. Sie würde schließlich jede Möglichkeit des Kapitalimports aus dem Auslande und der Beschaffung von Auslandskrediten zerstören, als auch jeder Lebensmittel- und Rohstoffeinfuhr einstellen. Die revolutionäre Revolution wird hier daher zunächst nur gegen volle Entschädigung expropriieren können, sie wird alle Mehrwerttitel zunächst aufrechterhalten müssen; die Expropriation der Expropriateure, die Wiedereinziehung der Entschädigungsbeträge und die Vernichtung der Mehrwerttitel wird hier nur allmählich, schrittweise, mit den Mitteln einer planmäßigen Steuergesetzgebung durchgeführt werden können.

So muß die Wirtschaftspolitik der proletarischen Revolution in West- und Mitteleuropa eine ganz andere sein als in Rußland. Wo das Proletariat einer wirtschaftlich und politisch unvergleichlich stärkeren, unvergleichlich stärker an dem Bestand der kapitalistischen Mehrwerttitel interessierten Kleinbourgeoisie, Intelligenz und Bauernschaft gegenübersteht; wo breite Schichten des werktätigen Volkes, deren Arbeit für die Gesellschaft unentbehrlich ist, an kapitalistischen Ausbeutungsformen unmittelbar und mittelbar interessiert sind; wo infolge der Verfeinerung und Differenzierung des volkswirtschaftlichen Mechanismus jede Unterbrechung des gesellschaftlichen Stoffwechsels zur Hungerkatastrophe führen kann, die unmittelbar die Konterrevolution herbeiführen müßte; wo ohne Auslandskredit und Kapitalimport Volksernährung und Rohstoffbeschaffung nicht gesichert werden können, dort kann die Wirtschaftspolitik der russischen Sowjetrepublik nicht nachgeahmt werden. In West- und Mitteleuropa kann man die gesellschaftliche Organisation nicht wie in Rußland zuerst ein halbes Jahr lang der zerstörenden Gewalt instinktiver Massenbewegungen überlassen, um dann nachher durch eine von einer kleinen Minderheit beherrschte Staatsgewalt den Volksmassen eine vom Grunde neue Ordnung despotisch aufzuzwingen. Wir würden hier in der Phase der Zerstörung verhungern. Wir würden hier in der Phase der despotischen Neuordnung an 85 dem Widerstand breiter Volksmassen, die | im Rahmen der gesellschaftlichen Arbeitsteilung unentbehrliche Funktionen ausüben, scheitern. Die Überführung der Volkswirtschaft aus dem kapitalistischen in die sozialistischen Formen kann hier nicht zuerst alles, was besteht, zerstören, um nachher die Trümmer zu neuem Bau zusammenzufügen, sie darf hier die Kontinuität der staatlichen und volkswirtschaftlichen Verwaltung nicht unterbrechen, sie muß sich hier in allmählicher, planmäßiger, systematischer Umgestaltung der kapitalistischen Organisationsformen vollziehen.

Muß aber die Wirtschaftspolitik der proletarischen Revolution in Mittel- und Westeuropa eine ganz andere sein als in Rußland,

so muß hier auch die Form der Herrschaft des Proletariats eine
ganz andere sein. Denn zwischen der Form der Herrschaft und
dem sozialen Inhalt der Herrschaftsübung besteht ein innerer
Zusammenhang. Die Rätediktatur, die alle Macht in den Händen des Proletariats konzentriert und alle besitzenden Klassen
völlig entrechtet, kehrt sofort die Machtverhältnisse in jedem
Betriebe um. Am Tage nach der Aufrichtung der Rätediktatur
wird die Leitung aller Betriebe durch die Kapitalisten, wird also
die kapitalistische Produktion selbst unmöglich. Die Rätediktatur
zwingt also die Gesellschaft zur sofortigen und allgemeinen Sozialisierung der Betriebe; sie zwingt sie zur Sozialisierung auch
dort, wo die Gesellschaft nicht über den Verwaltungsapparat verfügt, die sozialisierten Betriebe zu leiten, und sie anarchisiert die
Produktion auch in den Betrieben, die nicht sozialisiert werden
können. Indem die Rätediktatur die kapitalistische Betriebsleitung mit einem Schlage unmöglich macht, führt Sie zunächst die
Anarchie in der ganzen Produktion herbei, die dann erst allmählich durch eine allmächtig werdende Staatsgewalt überwunden
werden muß. Wo das Proletariat dagegen auf der Grundlage der
Demokratie und mit den Mitteln der Demokratie die politische
Macht erlangt, dort wird die Maschinerie des kapitalistischen
Staates zunächst nicht zerstört, es übernimmt nur die Vertretung
des Proletariats ihre Leitung. Die Kontinuität der staatlichen und
der wirtschaftlichen Verwaltung wird daher nicht unterbrochen.
Diese Kontinuität verlangsamt unzweifelhaft den sozialen Umgestaltungsprozeß; denn der übernommene Apparat paßt sich
nur allmählich, nur unter schweren Reibungen seinen neuen Aufgaben an. Aber anderseits sichert gerade diese Kontinuität die
planmäßige, systematische, immer nur die Aufgaben, die gerade
schon lösbar geworden sind, in Angriff nehmende Umgestaltung
des Bestehenden, mittels deren allein unter den besonderen Bedingungen der mittel- und westeuropäischen Gesellschaft in der
gegenwärtigen Entwicklungsphase der Übergang vom Kapitalismus zum Sozialismus erfolgen kann. Die Demokratie ist hier die
Form, in der das Proletariat die Herrschaft erlangen und ausüben

kann, ohne die dem Proletariat gegnerischen Klassen des werktätigen Volkes, die in der Volkswirtschaft wichtige Funktionen
versehen, gewaltsam entrechten, von der Mitarbeit, zumindest
der Mitarbeit in der Form kontrollieren der Opposition, ausschlie-
86 ßen zu müssen, ohne | den unentbehrlichen Kredit im Ausland zu
verlieren, ohne durch eine gewaltsame Unterbrechung des gesellschaftlichen Produktions- und Zirkulationsprozesses eine wirtschaftliche Katastrophe herbeizuführen, in der die Herrschaft
des Proletariats zusammenbrechen müßte. Der rohe, primitive
Wirtschaftskörper Rußlands läßt die wirtschaftliche Umwälzung
nur in den Formen des Bolschewismus, d.h. in der ersten Phase
unvermeidlich anarchisch und ebendeshalb in der zweiten Phase
notwendigerweise despotisch zu; zur Erfüllung dieser wirtschaftlichen Aufgabe ist die Sowjetdiktatur die angemessene Staatsform. Die Klassengliederung der west- und mitteleuropäischen
Gesellschaft, ihr empfindlicher wirtschaftlicher Apparat und ihre
Abhängigkeit von den internationalen Wirtschaftsbeziehungen
fordern, daß sich die wirtschaftliche Umwälzung in den Formen
allmählichen, planmäßigen Umbaues vollziehe; die Staatsform,
die dieser Aufgabe angemessen ist, ist Demokratie.

Aber gegen diese Erkenntnis wehrt sich die Ungeduld breiter
Arbeiterschichten. Sie sehen, daß das klassenbewußte Proletariat eine Minderheit in der Wählerschaft, seine Vertretung eine
Minderheit in den demokratischen Parlamenten ist. Sie verzwei-
feln daher daran, mit den Mitteln der Demokratie die Macht zu
erobern. Sie glauben, das Proletariat könne sich durch Vergewaltigung der besitzenden Klassen, durch die Aufrichtung einer
Minderheitsdiktatur der Staatsgewalt bemächtigen. Aber diese
Ansicht verkennt völlig, daß die Umwälzung der Gesellschaftsverfassung mehr voraussetzt als bloße Gewalt.

Das industrielle Proletariat kann die sozialistische Gesellschaft
nicht aufbauen, solange es nicht breite Schichten der Intelligenz
unter der landwirtschaftlichen Arbeiterschaft für sich gewonnen hat. Die Unentbehrlichkeit der Mitarbeit der „Fachmänner",
der „Techniker und der Spezialisten", hat gerade die russische

Erfahrung gezeigt. Die Unterstützung der landwirtschaftlichen Arbeiter können wir um so weniger entbehren, als wir mit der Gegnerschaft der Bauern rechnen müssen. Wenn die Intelligenz noch nicht einmal bei den Wahlen für uns stimmt, wird sie uns dann nach einer gewaltsamen Revolution zur Verfügung stehen, da doch die russische Erfahrung gelehrt hat, wie selbst eine vom Sozialismus erzogene Intelligenz vor der brutalen Tatsache einer proletarischen Diktatur zurückschaudert? Wenn die Massen der landwirtschaftlichen Arbeiter noch nicht einmal bei der Wahl ihr Klassenbewußtsein leitet, werden wir dann ihre Bewegung in der Revolution leiten können, da die Revolution doch geradezu zur technischen und sozialen Reaktion würde, wenn die Leitung der Agrarbewegung der Kontrolle der proletarischen Gesamtorganisation entglitte? Stoßen die geistigen Arbeiter und die landwirtschaftlichen Arbeiter zum industriellen Proletariat, dann ist das klassenbewußte Proletariat in jedem Industriestaat die Mehrheit des Volkes; dann kann es mit den Mitteln der Demokratie die Macht erobern und ausüben. Sind wir noch eine Minderheit in der Wählerschaft und in den Vertretungskörpern der Demokratie, dann beweist dies, daß noch allzu | breite Mas- 87 sen der geistigen Arbeiter und der landwirtschaftlichen Arbeiter außerhalb unserer Reihen stehen. Dann sind die objektiven, gesellschaftlichen Voraussetzungen des sozialistischen Aufbaues noch nicht erfüllt. Und diese Voraussetzungen kann bloße Gewalt nicht ersetzen. Die Gewalt ist die Geburtshelferin jeder alten Gesellschaft, die mit einer neuen schwanger geht; aber die Gewalt kann die neue Gesellschaft nicht zutage fördern, ehe sie nicht im Schoße der alten gereift ist.

3.2 Industrielle Demokratie

IST RUSSLAND DER EINE POL DER zivilisierten Menschheit, so ist England der andere. In Rußland ist eben erst die feudale Arbeitsverfassung zerschlagen, die bürgerliche Eigentumsordnung auf dem Lande hergestellt worden; in England ist die Fronarbeit schon im 14. Jahrhundert durch Geldabgaben ersetzt wor-

den, aber auch die noch halb-feudale *copy-hold* schon im 15. und
16. Jahrhundert durch die rein bürgerliche *lease-hold* verdrängt
worden, schon im 17. Jahrhundert waren die letzten Reste und
Überbleibsel der feudalen Arbeitsverfassung verschwunden. In
Rußland ist eben erst der Absolutismus durch zwei gewaltige
Revolutionen überwunden worden; England hat nur unter den
Tudors, im 16. Jahrhundert, eine kurze Entwicklungsphase des
Absolutismus durchlaufen, seit der Revolution des 17. Jahrhunderts hat es die parlamentarische Regierungsform stetig weiter
entwickelt und ausgebaut, im 19. Jahrhundert hat sich sein alter
oligarchischer Parlamentarismus ohne gewaltsame Revolution,
durch eine Reihe friedlicher Reformen in einen demokratischen
verwandelt. In Rußland ist der Kapitalismus eine neue, vom Ausland importierte Erscheinung gewesen; der englische Kapitalismus hat sich seit dem 14. Jahrhundert, seit der Entwicklung des
kapitalistischen Schafwollhandels und der kapitalistischen Schaf-
zucht stetig, organisch entwickelt. Rußland ist heute noch ein
Agrarland, in dem die Bauern die überwiegende Mehrheit der
Bevölkerung bilden; England ist ein Industriestaat, in dem das
industrielle Proletariat die Masse der Bevölkerung darstellt, und
auch seine Landwirtschaft wird nicht von Bauern, sondern von
Kapitalisten und Lohnarbeitern betrieben. Rußland zeigt uns das
Bild einer proletarischen Revolution in einem Agrarland, das
sich erst jetzt von der feudalen Agrarverfassung und von der
absolutistischen Staatsverfassung befreit und in dem ein junges,
vom Ausland importiertes Kapital und ein junges, eben erst aus
der Bauernschaft herausgelöstes Proletariat inmitten einer riesigen bäuerlichen Umwelt in Kampf führen; England zeigt uns
das Bild einer proletarischen Bewegung auf dem Höhepunkt der
kapitalistischen Entwicklung, auf der Basis der bürgerlichen Eigentumsordnung und der bürgerlichen Demokratie, im Kampfe
gegen ein Kapital, das seit Jahrhunderten schon alle Zweige des
gesellschaftlichen Lebens seinen Daseinsbedingungen angepaßt
88 hat. |

In Rußland stand der Kapitalismus im Gegensatz gegen die Gesellschaft. Die Arbeiterbewegung entwickelte sich von Anfang an unter dem Einfluß des revolutionären Sozialismus, aber auch die Intelligenz, das Kleinbürgertum und die Bauernschaft standen dem Kapital feindlich gegenüber. In England dagegen hat der Kapitalismus nicht nur alle besitzenden Klassen für sich gewonnen; er hat ein halbes Jahrhundert lang selbst das Proletariat geistig beherrscht, selbst die Arbeitermassen sich versöhnt. Wohl hat auch das englische Proletariat seine revolutionäre Epoche erlebt; es erlebte sie in der Zeit, in der das Fabriksystem in England so jung war, wie es heute in Rußland ist, in der Zeit des Chartismus. Aber seit dem Zusammenbruch des Chartismus — von 1848 bis zum Ende des 19. Jahrhunderts — beherrschte das Kapital nicht nur die Arbeitskraft, sondern auch die Seelen der Arbeiter. Die Arbeiter hatten sich mit dem Kapitalismus abgefunden. Die Arbeiterbewegung schöpfte sich im Ausbau eng beruflich abgegrenzter, durch keine gemeinsame Klassenideologie verbundener Gewerkschaften, im friedlichen Ausbau kollektiver Arbeitsverträge, in der Entwicklung von Hilfskassen und Genossenschaften. Die einzelnen Arbeiterschichten wahrten ihre Sonderinteressen innerhalb der kapitalistischen Gesellschaft; aber die Arbeiterklasse stürmte nicht gegen die kapitalistische Gesellschaft an.

Erst seit dem Burenkrieg erwachte die englische Arbeiterschaft aus der kapitalistischen Hypnose. Seitdem die Lebensmittelpreise auf dem Weltmarkt stiegen, während die straffere Organisierung der Unternehmerschaft und der verschärfte Wettbewerb der deutschen und der amerikanischen Industrie auf dem Weltmarkt die Durchsetzung von Lohnerhöhungen erschwerten, sank der Reallohn der englischen Arbeiter. Die wachsende Unzufriedenheit weckte das schlummernde Klassenbewußtsein. Die Unzufriedenheit mit den Erfolgen Gewerkschaften drängte zur Politik. Die Gründung des *Labour Representation Comittee* (1900), seine Umbildung zu einer selbständigen Partei (1903), der erste große Wahlsieg der Arbeiterpartei bei den Parlamentswahlen von 1906 waren die ersten Anzeichen der Wendung. Sie wurde

mit den überschwänglichsten Hoffnungen begrüßt. „Der wachsende Einfluß der Arbeiterpartei flößt den besitzenden Klassen
einen Schrecken ein, an dem gemessen der Schrecken des Streits
aufgehört hat, eine Macht im industriellen Leben zu sein."[60]

Die Enttäuschung mußte kommen. In dem Parlament, das der
Kampf zwischen Schutzzöllnern und Freihändlern beherrschte,
konnte die *Labour Party* nicht mehr sein als ein Anhängsel der
großen liberalen Partei. Ihre sozialpolitischen Erfolge konnten,
so bedeutend sie an sich auch waren, in einer Periode schnell fortschreitender Teuerung, schnell sinkende Reallöhne die Massen
nicht befriedigen. Ihr engstirniger Reformismus konnte keine
Begeisterung werden. „Gerade in dem Augenblick, in dem die
herrschenden Klassen einander beglück- | wünschten, die parla-
mentarische Arbeiterpartei glücklich absorbiert zu haben, bricht
mit dramatischer Wirkung und explosiver Kraft die Unruhe der
Arbeit im ganzen Lande aus."[61]

Die Kampflust der Massen ist erwacht. Eine Welle von Streiks
ergießt sich über das Land. Die Streiks konzentrieren und steigern
sich zu Riesenkämpfen, wie denen der Eisenbahner, Hafenarbei-
ter, Bergarbeiter in den Jahren 1911 und 1912. Die Initiative der
Bewegung geht von den Führern die Massen über: die Massen
lehnen sich gegen die Gewerkschaftsleitungen auf, sie fassen
Streikbeschlüsse gegen die Gewerkschaftsregeln. Zugleich zeigt
sich in den Massen verstärkte intellektuelle Regsamkeit. Hat die
Gründung und Entwicklung der *Labour Party* die Massen zum ersten Male unter die Führung von Sozialisten gestellt, so macht die
Enttäuschung über die *Labour Party* die Massen für die Lehren des
französischen Syndikalismus und des amerikanischen *Industrial
Unionism* empfänglich. Sozialismus und Syndikalismus Ringen um
die Seelen der Arbeiter. In dem Drängen nach der Umbildung der
Gewerkschaften, nach der Demokratisierung ihrer Verfassung
und nach der Radikalisierung ihrer Kampfmethoden, nach der
Überwindung des „Sektionalismus" durch die Verbindung der

[60] Frank Rose, The coming force. Manchester 1909. Seite 116.
[61] Henderson, The labour unrest. London o. J. Seite 131.

Berufsvereine zu Industrieverbänden und durch die Aufnahme
der ungelernten Arbeiter in diese Verbände, in der Verdrängung
der älteren Generation der Gewerkschaftsführer durch den jungen, unter starkem Einfluß des deutschen Sozialismus und des
französischen Syndikalismus erzogenen Nachwuchs — in alldem
offenbart sich die Gärung in den Arbeitermassen.[62]

Die Enttäuschung über die *Labour Party* hat die Massen auf die
gewerkschaftliche Aktion zurückgeworfen. Aber die revolutionäre Massenstimmung füllt die gewerkschaftliche Aktion mit
neuem Geist. Die Massen sehen im Streit nun nicht mehr bloß
den Kampf um die Verbesserung dieses oder jenes Paragrafen
in einem kollektiven Arbeitsvertrag, sondern eine Schlacht im
Kriege gegen die Kapitalsherrschaft selbst. „Das bemerkenswer-
teste ist", sagt Hodges, der Sekretär der Bergarbeiterföderation,
„daß die Menschen, die in der Industrie beschäftigt sind, sich
dessen bewußt geworden sind, daß sie und vor ihnen ihre Väter
während ihres ganzen Lebens gar keinen Einfluß auf die Leitung
der Industrie gehabt haben."[63] Als letztes Ziel der gewerkschaftlichen Aktion erscheint den Massen nicht mehr die Verbesserung
der Arbeitsbedingungen, sondern die „Kontrolle" der Industrie
selbst durch die Gewerkschaften. | 90

In diese Entwicklungsphase fiel der Krieg. Die britische Regierung war gezwungen, die allgemeine Wehrpflicht einzuführen
und die ganze Industrie dem Kriege dienstbar zu machen. Die
gelernten Arbeiter mußten Frauen und Ungelernte zu Arbeits-
stellen zulassen, die bisher ihnen vorbehalten gewesen waren,
und sie mußten auf viele Gewerkschaftsregeln, die die Steigerung der Arbeitsergiebigkeit hinderten, verzichten. Die Arbeiterschaft in den Kriegsbetrieben mußte ihre Freizügigkeit und ihr
Streikrecht preisgeben. Die britische Regierung konnte es nicht
wagen, all das den Arbeitern aufzuzwingen. Sie mußte vor jedem
Schritt der Kriegsgesetzgebung mit den Gewerkschaften verhan-

---

[62] Macdonald, The social unrest. London 1913. — Cole, The world of labour. London
1913.

[63] Hodges, Workers' control in the coal mining industry. London 1919. Seite 2.

deln, mit ihnen Kompromisse schließen; das Parlament konnte
nur beschließen, was mit den Gewerkschaften vereinbart worden war. Diese Praxis, während des ganzen Krieges täglich geübt,
hat das Selbstbewußtsein der Arbeiter gewaltig gestärkt. Anderseits hat der Krieg das Gefüge des englischen Kapitalismus völlig
verändert. Der Staat hat die Kontrolle über die Kriegsindustrie,
über die Eisenbahnen und den Bergbau übernommen, er hat den
Geld- und den Warenhandel reglementiert und den Vertrieb von
Lebensmitteln und Rohstoffen organisiert; an die Stelle des indi-
vidualistischen Kapitalismus ist der Staatskapitalismus getreten.
Die Tatsache, daß der Staat die Volkswirtschaft beherrscht, weckt
in den Arbeitermassen das Bedürfnis, den Staat zu beherrschen;
sie führt also die Massen zum Sozialismus. Aber die Erfahrungen
der Kriegswirtschaft zeigen zugleich, wie wenig befähigt die staatliche Bürokratie ist, die Volkswirtschaft zu organisieren, und sie
erfüllen die Massen mit Haß gegen den allmächtigen, alle Lebens-
äußerungen des einzelnen reglementierenden, alle persönliche
Freiheit beengenden Staat; so stärken sie die syndikalistischen
Strömungen in der Arbeiterbewegung.

Die „Unruhe der Arbeit" brach selbst während des Krieges immer wieder hervor. Sobald der Krieg vorüber ist, wird sie mit
verstärkter Kraft wirksam. Doch trägt die Bewegung jetzt etwas
anderen Charakter als vordem. Die politische Aktion der *Labour
Party* und die von revolutionärer Kampflust erfüllte gewerkschaftliche Aktion erscheinen dem Massenfühlen nun keineswegs mehr
als Gegensätze. Das Wachstum der *Labour Party*, die unmittelbare
politische Machtwirkung der Gewerkschaften, die direkte Aktion
der Streiks — all das sind nun bloß verschiedene Seiten derselben Entwicklung. Und die Vereinigung der politischen und der
gewerkschaftlichen Aktion findet ihren Ausdruck auch in der
Ideologie der Bewegung, die den reformistischen Staatssozialismus der *Labour Party* mit dem Syndikalismus der revolutionären
Elemente in den Gewerkschaften zu höherer Einheit verschmilzt.
Die Synthese beider ist der englische „Gildensozialismus". Aus
91 Idealen des älteren kleinbürgerlichen | Sozialismus entstanden,

hat der Gildensozialismus im letzten Jahrzehnt eine Entwicklung durchgemacht, die ihn befähigt hat, allmählich zur stärksten geistigen Macht innerhalb der englischen Arbeiterbewegung zu werden.

Der englische Gildensozialismus zeichnet uns als sein Ideal eine sozialistische Gesellschaft. Die Arbeitsmittel sollen Eigentum des Staates werden. Aber der Staat soll sie nicht durch seine Bürokratie verwalten, sondern ihre Verwaltung den Arbeitenden selbst übertragen. Jede Gewerkschaft verwandelt sich in eine „nationale Gilde", das heißt in eine das ganze Staatsgebiet umfassende Produktivgenossenschaft, und diese übernimmt die Verwaltung ihres Industriezweiges. In der inneren Verwaltung ihres Industriezweiges bleibt die nationale Gilde vom Einfluß des Staates frei. Wo aber die einzelne Industrie der Gesellschaft gegenübertritt, dort treten der Staat, lokale Selbstverwaltungskörper oder Konsumgenossenschaften ihr als Sachwalter der Verbraucher gegenüber; ein gemischtes Komitee aus der Gilde und der zur Vertretung der allgemeinen, der Verbraucherinteressen berufenen Körperschaft zusammengesetzt, entscheidet über die Beschaffenheit und über die Preise der zu erzeugenden Waren. So überläßt der Staat jeden Industriezweig in seinen inneren Angelegenheiten der Selbstverwaltung seiner Arbeiter und in den Angelegenheiten, die die Verbraucher mitberühren, der gemeinsamen Selbstverwaltung der Arbeiter und der Verbraucher. Der Staat selbst aber gleicht die Anteile aller Arbeitenden am gesellschaftlichen Arbeitsertrag einander an, indem er als Eigentümer der Arbeitsmittel von jeder nationalen Gilde eine Rente einhebt und durch die Abstufung dieser Renten die Unterschiede zwischen der Arbeitseinkommen ausgleicht.

Dieses Ideal wird nun unmittelbar zur bewegenden Kraft. Die Bergarbeiter vor allem leiten, von der ganzen Arbeiterschaft unterstützt, einen grandiosen, das ganze Land aufrüttelnden Feldzug ein, in dem sie die Nationalisierung des Bergbaues und die Organisierung seiner Verwaltung durch den Staat und die Bergarbeiter zusammen durchzusetzen versuchen. Die Eisenbahner, die Post- und Telegraphenbeamten setzen sich ähnliche Ziele.

Indessen rechnet der Gildensozialismus damit, daß in absehbarer Zeit zunächst nur die Sozialisierung des Bergbaues und der Eisenbahnen durchgesetzt werden könne. Die Industrialisierung anderer Industrien glaubt er auf anderem Wege kommen zu sehen. Die Unternehmer, durch die „Unruhe der Arbeit" immer mehr bedrängt, werden, so meint er, sich schließlich gezwungen sehen, der Arbeiterschaft Teilnahme an der Verwaltung der Industrie anzubieten. Wie der einzelne Kapitalist einen *„junior partner"*, einen jüngeren Gesellschafter in seine Firma aufnimmt, werde die Unternehmerschaft den Arbeitern eine Art *„junior partnership"*, eine Art Beteiligung an der Verwaltung der Industrie an zweiter, untergeordneter Stelle einzuräumen bereit sein. Man werde industrielle Selbstverwaltungs- | körper, „gemischte Komitees" aus Unternehmen und Arbeitern bilden, um die Arbeiter an der Verwaltung und Verantwortung teilnehmen zu lassen. Aber damit dürfe sich die Arbeiterschaft nicht bescheiden. Sie müsse, auf ihre gewerkschaftlichen Machtmittel gestützt, ihre Kontrolle über die Industrie immer mehr ausdehnen, eine Funktion der Unternehmer nach der andern an sich reißen, bis schließlich dem Unternehmertum keine Funktion in der Industrie mehr übrigbleibt und die Arbeiterschaft zur Verwaltung der Industrie reif geworden ist. Dann werde es möglich sein, die funktionslos gewordenen Kapitalisten aus der Industrie gänzlich auszuschließen. Denn jede Klasse stirbt ab, die keine gesellschaftliche Funktion mehr hat.[64]

Es fehlt dem Gildensozialismus nicht an revolutionärem Geiste; hat er sich doch unter starkem Einfluß des revolutionären Syndikalismus entwickelt. Auch seine Wortführer heben immer wieder hervor, daß die schließlich vollständige Ausscheidung der Kapitalisten aus der Industrie wahrscheinlich nur auf revolutionärem Wege möglich sein werde. Aber er setzt die Revolution nicht an den Anfang, sondern an das Ende: erst müsse die Arbeiterschaft durch stetige Ausdehnung ihrer Kontrolle über die Industrie diese Kontrolle praktisch erlernt, die Fähigkeit zur Verwaltung der

---

[64] Cole, Selfgovernment in industry. London 1920. Seite 85 ff., 97, 281 f.

Industrie erworben haben, ehe sie diese Verwaltung übernehmen könne.[65]

Der Gildensozialismus begründet seine praktischen Vorschläge und seine theoretischen Zukunftsbilder mit Gedankengängen, die aus der spezifisch angelsächsischen Spielart der Demokratie hervorgegangen sind. Die Demokratie hat sich in England ganz anders entwickelt als auf dem Festlande. Hier hat der Absolutismus schon die feudalen „Freiheiten" der Individuen, der Städte, der Provinzen zerstört und das ganze Land seinem bürokratischen Herrschaftsapparat unterworfen. Die bürgerliche Revolution hat diesen Prozeß nicht rückgängig gemacht, sondern abgeschlossen. Nach der bürgerlichen Revolution blieb das Land von der bürokratischen Maschinerie, die von einer Zentralgewalt aus geleitet wird, beherrscht, und geändert hat sich nur das, daß diese Zentralgewalt selbst nicht mehr von einem Selbstherrscher, sondern von einem aus allgemeinen Volkswahlen hervorgegangenen Parlament eingesetzt und kontrolliert wird. Anders in England. Dort ist der Absolutismus nie zur Entwicklung gekommen. Er hat den bürokratischen Herrschaftsapparat nie zu schaffen vermocht. Die feudalen „Freiheiten" der Individuen, der Städte, der Grafschaften sind nie zerstört worden. Die bürgerliche Revolution bestand hier vielmehr darin, daß die „Freiheiten", die die Barone, die Gentry, das städtische Patriziat den Plantagenets, den Tudors, den Stuarts abgerungen hatten, zum Erbe zuerst die Bourgeoisie, schließlich der Volksgesamtheit wurden. An die Stelle der „korrupten | Pfarreiversammlungen, geldschachernden Stadträte, wutschnaubenden Armenverwalter in den Städten und der tatsächlich erblichen Friedensrichter auf dem Lande"[66] setzten die Reformgesetze von 1882, 1888 und 1894 die demokratischen Selbstverwaltungskörper in der Grafschaft, im Distrikt, im Kirchspiel. Dank ihrem grundverschiedenen Ursprung trägt die englische Demokratie ganz andere Charakterzüge als die kontinentale. In Frankreich wählt die Volksgesamtheit das Parlament, aus ihm

93

---

[65] Cole, a.a.O., Seite 93.

[66] Marx, Der Bürgerkrieg in Frankreich. Berlin 1891. Seite 48.

wird die Regierung gebildet und diese Regierung verwaltet und beherrscht das ganze Land durch ihre Bürokratie; der einzelne Bürger und die einzelne Bevölkerungsgruppe können den Verwaltungsapparat nur mittelbar, nur durch die Teilnahme an der Parlamentswahl beeinflussen. In England dagegen verwaltet das Volk seine Angelegenheiten im Kirchspiel, im Distrikt, in der Gesellschaft selbst; es übt in den lokalen Selbstverwaltungskörpern sein *„selfgovernment"*, seine Selbstregierung aus. Der Staat ist nur der oberste Selbstverwaltungskörper, der die dem ganzen Lande gemeinsamen Angelegenheiten verwalten soll, aber die Selbstregierung der einzelnen Grafschaften, Distrikte, Kirchspiele nicht beengen darf. Das *„selfgovernment"* der lokalen Verbände innerhalb des Staates ist die Grundlage der englischen Demokratie.

Der Gildensozialismus überträgt nun die Grundsätze der englischen Demokratie vom politischen auf das wirtschaftliche Gebiet. Bedeutet die politische Demokratie, daß sich das Volk nicht mehr von einem König oder einer Oligarchie regieren läßt, sondern sich selbst regiert, so solle es sich nunmehr auch im Wirtschaftsleben nicht mehr von einer Kapitalistenklasse regieren lassen, sondern sich selbst regieren; Sozialismus ist nichts anderes als *„industrial democracy"*, wirtschaftliche Demokratie. Und die Demokratie wird nun in englischem Sinne verstanden: wie die politische Demokratie auf dem *„selfgovernment"*, der Selbstregierung der Städte und Grafschaften beruht, so müsse die wirtschaftliche Demokratie auf das *„selfgovernment"* der einzelnen Industriezweige und Betriebe gegründet werden. Wie die englische Demokratie die Regierung der lokalen Verwaltungssprengel durch von der Zentralregierung entsendete Beamte ablehnt, müsse sie den Staatssozialismus ablehnen, der die wirtschaftlichen Verwaltungsbereiche der Leitung von der Zentralregierung bestellter Beamten überträgt. Wie die politische Macht des Staates begrenzt ist durch das Recht der lokalen Verwaltungssprengel auf die Selbstregierung, müsse auch die wirtschaftliche Macht des Staates durch das Recht der einzelnen Industriezweige auf Selbstregierung beschränkt werden. So definiert der Gildensozialismus das Ziel als *„industrial selfgovernment"*, wirtschaftliche Selbstregierung.

Indem sich der Gildensozialismus die Prinzipien der englischen
Demokratie aneignet, um sie auf das wirtschaftliche Gebiet anzu-
wenden, nimmt er auch den ganzen altenglischen Individualis-
mus | in sich auf, der diesen Prinzipien zugrunde liegt. Er tritt als   94
der Verfechter der Freiheit des einzelnen Arbeiters und der einzelnen Arbeitergruppe gegen die Staatsgewalt auf. Er lehnt den
Staatssozialismus ab, weil die Verwaltung der Industrie durch
den Staat nichts anderes bedeuten würde als die Unterwerfung
der einzelnen Arbeitergruppen unter eine allmächtige Bürokratie. Er erklärt, daß die Freiheit der Arbeiter mit der Leitung der
Industrie durch vom Staat bestellte Beamte, und seien es selbst
Beamte eines von der Arbeiterklasse beherrschten Staates, eben-
sowenig vereinbar sei wie mit der Beherrschung der Industrie
durch kapitalistische Unternehmer. Er geht schließlich so weit,
im Interesse der Freiheit der einzelnen Arbeiter und der einzelnen Arbeitergruppen die Teilung der Kontrolle der Industrie
zwischen Arbeitern und Unternehmern der alleinigen Beherrschung der Industrie durch den Staat vorzuziehen.[67] Und gerade
aus diesem Gedanken folgt seine Stellung zur sozialen Revolution. Der Staatssozialismus, der die Leitung der Betriebe einer
Fabriksbürokratie, die von der vorgeschrittenen, den Staat be-
herrschenden Minorität der Arbeiter bestellt wird, überträgt,
der von den Arbeitern „widerspruchslose Unterordnung" (Lenin)
unter die vom Staat bestellten Leiter des Produktionsprozesses
fordert und sie zur Durchsetzung dieser Unterordnung mit „weit-
gehenden disziplinarischen Rechten" (Trotzky) ausstattet, ein
solcher Staatssozialismus ist gewiß immer möglich, welche Entwicklungsstufe immer die Arbeiterschaft erreicht hat; ein Sozialismus dagegen, der auf die *„selfgoverning workshop"*, auf den sich
selbst regierenden Betrieb aufgebaut werden soll, ist erst dann
möglich, wenn die Arbeiterklasse durch allmähliche Ausdehnung
ihrer Kontrolle über die Industrie die intellektuellen und mora-
lischen Fähigkeiten, die die industrielle Selbstregulierung voraussetzt, schon erworben hat. Die Arbeiterschaft muß vorerst

---

[67] Cole, a.a.O., Seite 93.

ihre gewerkschaftlichen und politischen Kampfmittel benützen,
um ihre Kontrolle über die Industrie immer weiter auszudehnen,
ehe sie in der Praxis dieser Kontrolle selbst fähig wird, nicht nur
die Kapitalisten aus der Industrie hinauszuschleudern, sondern
auch die Verwaltung der Industrie selbst zu übernehmen.

Der Bolschewismus ist im Schoße der russischen Sozialdemokratie aus einem Streit um die Organisationsform der sozialdemokratischen Partei entstanden. Die Menschewiki wollten die
Partei als eine Föderation demokratischer, von den Arbeitern
selbstgebildeter Organisationen konstituieren. Die Bolschewiki
fürchteten, der Eintritt der ungeschulten, nur auf ihren nächsten
wirtschaftlichen Interessen bedachten Arbeiter in die Organisation könne den revolutionären Charakter der Partei schwächen.
Nur kleine Komitees von „professionellen Revolutionären", von
einem Zentralkomitee einheitlich geführt, sollten nach Lenins
Organisationsplänen von 1902 und 1903 die Partei bilden und
sich die von ihnen zu organisierenden und zu führenden Arbeiter
95 unter- | ordnen. Der Gedanke der „Diktatur der revolutionären
Organisation über die Massenbewegung" hat die Bolschewiki
von den Menschewiki geschieden.[68] Diese Diktatur einer straff
zentralisierten revolutionären Organisation über die Massenbewegung verwirklichen die Bolschewiki heute nicht mehr im
engen Maßstab einer kleinen Parteiorganisation, sondern in dem
ganzen gewaltigen Rußland. Die Diktatur einer straff zentralisierten, von den „professionellen Revolutionären" beherrschten
Staatsgewalt über alle Arbeitskräfte und Arbeitsstätten — das
ist der Bolschewismus. Es ist der Sozialismus der Ideologen der
Arbeiterbewegung, denen die Massenbewegung des Proletariats
nur das Instrument zur Verwirklichung eines sozialen Ideals ist
und die, wie sie selbst im revolutionären Kampf kein Opfer ge-
scheut haben, ihr Ideal verwirklichen zu wollen um jeden Preis,
auch wenn die Masse zuerst durch eine Wüste des Hungers, der
Kälte, der Staatsknechtschaft, des Krieges hindurch gehen muß,
um das gelobte Land zu erreichen.

---

[68] Jegorow, Saroschdenje polititscheskich partij. In „Obschtschestwennoje dwischenje w Rossij", ed. Martow, Petersburg 1909, I. Band, Seite 406.

Der Gedanke der industriellen Demokratie dagegen ist erwachsen aus der kämpfenden Arbeitermasse selbst. Wenn die Arbeiterschaft in der Praxis des gewerkschaftlichen Kampfes ihren Einfluß auf die Industrie stetig verstärkt, erwächst in ihr der Gedanke, ihre Kontrolle über die Industrie stetig so weit auszudehnen, bis sie selbst die Industrie ganz übernehmen kann. Und wie die Arbeiterschaft ihre gewerkschaftliche Aktion verstärkt durch die politische Aktion der Partei, zu der sich die einzelnen Gewerkschaften, unter voller Wahrung ihrer Autonomie in industriellen Dingen, vereinigen, so denkt sie auch den sozialen Staat der Zukunft als eine Föderation der autonomen „nationalen Gilden". Das ist nicht der Sozialismus von Ideologen, denen das Proletariat nur das Instrument der Idee ist, sondern der Sozialismus der Arbeiterbewegung selbst, die sich in der und aus der täglichen Praxis des Kampfes in der Werkstätte ihre eigene Idee formt.

Der russische Bolschewismus und der englische Gildensozialismus sind, obwohl sich ihre Gedankengänge in der Polemik gegen den parlamentarischen Staatssozialismus einander oft nähern, die schroffsten Gegensätze innerhalb der sozialistischen Gedankenwelt. Das russische Proletariat ist erwachsen im revolutionären Kampfe gegen den Zarismus. Es hat an die Stelle der allmächtigen Staatsgewalt des Zarismus eine ebenso allmächtige Staatsgewalt des Proletariats gesetzt. Sein Sozialismus stellt die Stelle der schrankenlosen Herrschaft des Kapitalisten in Betrieb die ebenso schrankenlose Herrschaft des Beauftragten der Staatsgewalt, die selbst nichts anderes mehr ist als das Herrschaftsinstrument der revolutionären Vorhut der Arbeiterklasse. Das englische Proletariat dagegen hat sich entwickelt auf dem Boden einer Demokratie, die argwöhnisch die Freiheit des Individuums, die Selbstregulierung der Gemeinden gegen jeden Eingriff der Staats- | gewalt, und sei es eine noch so demokratisch gebildete Staatsgewalt, hütet; sein Sozialismus ist daher vor allem darauf bedacht, die Freiheit der Arbeiter, die Selbstregulierung der einzelnen Industriezweige gegen den Übergriff der Staatsgewalt, und sei diese Staatsgewalt selbst von der Arbeiter-

96

klasse beherrscht, zu schützen. Und in diesem Gegensatz drückt sich nicht etwa nur die nationale Verschiedenheit der russischen und der englischen Arbeiterklasse aus, die der Niederschlag ihrer verschiedenen Geschichte, ihrer verschiedenen Traditionen, der Verschiedenheit der ihnen überkommenen Ideologien ist. In diesem Gegensatz erkennen wir vielmehr die Verschiedenheit der Denkweise des Proletariats überhaupt auf verschiedenen Stufen seiner Entwicklung.

Die ursprünglichste und stärkste Triebkraft des Sozialismus ist die Auflehnung gegen die wirtschaftliche Ungleichheit. Der Arbeiter vergleicht seine Not mit dem Reichtum des Kapitalisten. Er will die Macht an sich reißen, um „das Geraubte zu rauben", um die wirtschaftliche Gleichheit aller erzwingen zu können. Es hat des Despotismus bei absoluten Monarchien vom 15. bis zum 18. Jahrhundert bedurft, um die tausendfältigen Verschiedenheiten der „Rechte" und „Freiheiten" der feudalen Epoche auszugleichen, die allgemeine Rechtsgleichheit zunächst in der gleichen Rechtlosigkeit aller gegenüber der Willkür der absoluten Fürstengewalt herzustellen und dadurch erst die Basis zu schaffen, auf der die bürgerliche Revolution die Gleichheit aller vor dem Gesetze verwirklichen konnte. So bedarf es auch einer despotischen Diktatur des Proletariats, um in kurzer Frist, mit rücksichtslos geführten Schlägen gegen alle Widerstände der Begünstigten die Vermögen und Einkommen aller einander anzugleichen. Der urwüchsige Gleichheitskommunismus führt zur Diktatur des Proletariats.

Wo aber das Proletariat schon durch eine längere Periode politischer Demokratie und proletarischer Organisation hindurchgegangen ist, dort sproßt der Sozialismus aus einer anderen Wurzel. Die Hebung der Volksbildung, die rege Teilnahme an politischen und gewerkschaftlichen Kämpfen, die Selbsterziehung in der Arbeiterorganisation, die reichere Muße, die die Arbeiterschaft den Schutzgesetzen und den gewerkschaftlichen Kämpfen verdankt, lassen den Arbeitssklaven der Vergangenheit allmählich zur freien, selbstbewußten Persönlichkeit wachsen. Und in dem

Maße, als der Arbeiter zur Persönlichkeit wird, wird sein Freiheitsdrang zur stärksten Triebkraft seines Denkens und Handelns. „Es ist nicht nur und nicht so sehr die Ungleichheit des Reichtums, sind nicht die Gegensätze in der Verteilung, die die Arbeiter zum Kollektivismus führen, als der Protest gegen die Willkür des individuellen Unternehmertums, als das Ideal der freien Werkstätte."[69] Wie sich der freie Mann im Staate nicht mehr einem König unterwerfen will, den nur der Zufall des Erbrechts zu seinem Herrn gemacht hat, auch wenn die Macht dieses Königs durch eine Verfassung eng begrenzt ist, so will er auch im Be- | 97 trieb nicht mehr einem Herrn von des Erbrechts Gnaden unterworfen sein, auch wenn die Gewerkschaft die Macht dieses Herrn schon wesentlich eingeschränkt hat. Der Freiheitsdrang führt jetzt zur Persönlichkeit gereiften Arbeiter zum Sozialismus. Aber solcher Freiheitsdrang findet seine Befriedigung nicht in einem despotischen Sozialismus, der eine allmächtige Zentralgewalt, und sei es auch eine von der Arbeiterklasse eingesetzte Zentralgewalt, zur Herrin jedes Betriebes, jedes Arbeiters macht, sondern nur in einer Gesellschaftsordnung, die jedem Individuum eine breite Sphäre freier Betätigung, jeder Arbeitsgemeinschaft breite Selbstverwaltung sichert. Aus dem Freiheitsdrang eines hochentwickelten Proletariats erwächst das Ideal der industriellen Demokratie, des *industrial selfgovernment*.

Die Entwicklung des Kapitalismus selbst fördert diese Wandlung des proletarischen Ideals. Im Zeitalter des Manchesterliberalismus stellte das Proletariat der kapitalistischen Anarchie den Sozialismus als das Prinzip planmäßiger staatlicher Ordnung des Wirtschaftslebens entgegen. Im Zeitalter des Staatskapitalismus tritt der Sozialismus der Allmacht der Staatsgewalt, der bürokratischen Beherrschung des Wirtschaftslebens entgegen als das Prinzip des *industrial selfgovernment*. „Wie einer denkt, daran kann man sehen, was ihm fehlt", sagt Goethe.

Auch in Rußland hat das Proletariat die rationalisierte Industrie anfänglich in Formen zu organisieren versucht, die den

---

[69] Levine, The labour movement in France. London 1912. Seite 187.

Organisationsplänen des englischen Gildensozialismus nicht un-
ähnlich waren. Dort aber, wo ein noch rückständiges, kaum erst
organisiertes, in keinerlei Kontrolle über die Industrie geübtes
Proletariat mit einemmal die ganze Industrie verwalten sollte, ist
das nicht gelungen. Die Anarchie in den Betrieben hat die Sowjetmacht auf die Bahn des Staatssozialismus in seiner schärfstaus-
geprägten, brutalsten Forum gezwungen. In Mittel- und Westeuropa findet die soziale Revolution ein kulturell höher stehendes,
besser organisiertes Proletariat vor; hier sind die Bedingungen
für die unmittelbare Mitwirkung der Arbeiter an der Verwaltung
der Industrie ungleich günstiger. Trotzdem wurde die Diktatur
des Proletariats auch hier nicht zum *industrial selfgovernment* führen. Denn die Diktatur des Proletariats würde hier in der Intelligenz, im Kleinbürgertum, in der Bauernschaft auf viel stärkere
Widerstände stoßen und sie hätte unvergleichlich schwierigere
wirtschaftliche Krisen zu überwinden, unvergleichlich größere
wirtschaftliche Probleme zu lösen als in Rußland. Sie müßte sich
hier noch schneller als dort einen gewaltigen Herrschaftsapparat schaffen, um die Sabotage der widerstrebenden Klassen zu
brechen und die notwendige berufliche Umschichtung der Volksmassen erzwingen. Die ungeheure Aufgabe, die hier eine Proletarierdiktatur zu bewältigen hätte, könnte — das wird unsere
Analyse des ökonomischen Sozialisierungsprozesses im nächsten
98 Paragraphen noch anschaulicher machen — nicht anders | gelöst
werden als mittels der terroristischen Gewaltherrschaft einer
zentralen Staatsgewalt über alle Arbeitskräfte und alle Arbeitsstätten. Diktatorische Gewaltherrschaft und *selfgovernment* sind
unvereinbare Gegensätze. Die Diktatur des Proletariats wird unvermeidlich zur Diktatur über breite Massen des Proletariats,
die die Herrschaft ihrer Klasse mit dem Verzicht auf die Freiheit
der Individuen und der Gruppen innerhalb der Klasse verkaufen
müssen. Keine Klasse freiheitshungriger Persönlichkeiten, kein
hochentwickeltes Proletariat wird durch längere Zeit die Diktatur
in Staat und Werkstätte ertragen; die Diktatur kann im modernen Industriestaat bestenfalls nur kurze Übergangsphase sein.

Zum Aufbau des *industrial selfgovernment* führt nicht die Diktatur, sondern nur planmäßige Ausdehnung der Demokratie aus dem politischen Bereich auf den der Volkswirtschaft.

3.3 Sozialisierung des Eigentums und Sozialisierung der Produktion

DER SOZIALISMUS WILL die Mehrwerttitel annullieren, die Leistung des Mehrwerttributs an die Kapitalistenklasse einstellen und dadurch die Mittel gewinnen, dass Realeinkommen der arbeitenden Volksmassen zu vergrößern. Nun tritt der Mehrwert in der kapitalistischen Gesellschaft in den Formen des Unternehmergewinnes, des Kapitalzinses und der Grundrente, also in der Gestalt von Geldeinkommen auf. Diese Erscheinungsform des Mehrwerts ruft die populäre Illusion hervor, man könne die Lebenshaltung der Massen mit einem Schlage dadurch verbessern, daß man die Geldeinkommen der besitzenden Klassen konfisziert und sie den Arbeitern zuteilt. In Wirklichkeit aber ist die Übertragung des Mehrwerts von den besitzenden Klassen auf die Arbeiterklasse ein viel schwieriger und komplizierter Prozeß.

Geld ist nur eine Anweisung auf Waren. Und da die Arbeiter *andere* Waren konsumieren als die besitzenden Klassen, ist jede Vergrößerung des Geldeinkommens der Arbeiterklasse auf Kosten der besitzenden Klassen unwirksam, wenn nicht gleichzeitig auch die Produktion derjenigen Waren vergrößert wird, die die Arbeiterklasse konsumiert. Erhöhen wir den Geldlohn der Arbeiter, ohne gleichzeitig die Produktion der Lebensmittel, Wohnungen u.s.w., die die Arbeiter konsumieren wollen, zu vergrößern, dann können die Arbeiter mit dem erhöhten Geldlohn nicht mehr Lebensmittel, Wohnungen u.s.w. kaufen als früher bei niedrigerem Lohne, die Erhöhung des Geldlohnes wird durch Verteuerung der Waren, auf die sich die Nachfrage der Arbeiter konzentriert, wettgemacht, der Reallohn bleibt unverändert. Konfiszierten wir also den Mehrwert, um ihn den Arbeitern zuzuteilen, so müssen wir, wenn dadurch wirklich der Reallohn der Arbeiter vergrößert werden soll, gleichzeitig auch die Produktion derjenigen Waren, die die Kapitalisten zu konsumieren | pflegen, einstellen 99

und die Produktion derjenigen Waren, die Arbeiter konsumieren,
vergrößern. Stellt zum Beispiel derjenige Mehrwertteil, denn
die Kapitalisten konsumieren, ein Sechstel des Wertprodukts der
gesellschaftlichen Arbeit dar, so ist ein Sechstel aller Arbeiter
in den Luxusindustrien beschäftigt, die Güter für den Konsum
der Kapitalisten produzieren. Soll nun der Mehrwert konfisziert
und der bisher von den Kapitalisten konsumierte Mehrwertteil
den Arbeitern zugeteilt werden, so müssen die Luxusindustrien
stillgelegt und die in ihnen beschäftigten Arbeiter müssen in diejenigen Produktionszweige, die Lebensmittel und Wohnungen
für den Bedarf der Arbeiter produzieren, überführt werden. Es
muß also ein Sechstel der ganzen Arbeiterbevölkerung neuen Berufen zugeführt werden. Die berufliche Umschichtung erfordert
in vielen Fällen auch örtliche Umsiedlung, daher Bau von neuen
Wohnstätten. Vor allem aber setzt diese berufliche Umschichtung voraus, daß diese großen Arbeitermassen in den Berufen,
denen sie nunmehr zugeführt werden, auch mit den notwendigen Produktionsmitteln ausgestattet werden; dies erfordert die
Errichtung neuer Fabriken und Wirtschaftsgebäude, die Produktion zahlloser Maschinen, Geräte u.s.w.[70]. Es ist einleuchtend,
daß dieser gewaltige Prozeß der beruflichen und örtlichen Umschichtung der Menschen und der gleichzeitigen Umgestaltung
des gesellschaftlichen Produktionsapparats in jedem Falle lange
Zeit erfordert. Durch die Konfiskation des Mehrwerts kann daher
das Realeinkommen der Arbeiter in keinem Falle sofort vergrößert werden; zunächst kann nur ihr Geldeinkommen vergrößert
werden, ohne daß damit zugleich ihr Realeinkommen steigt, und
nur allmählich, nur in dem Maße, als der große Umschichtungs-
und Umgestaltungsprozeß vollzogen wird, erhöht sich auch ihr
Realeinkommen. Unter den gegenwärtigen Verhältnissen aber ist

---

[70] Theoretisch betrachtet, handelt es sich um Einstellung der Produktion in der
Abteilung IIb und Erweiterung der Produktion in der Abteilung IIa der gesellschaftlichen Produktion im Sinne von Marx, Das Kapital, II., 398 ff. Dies setzt
aber auch, wie sich aus Marxens Darstellung sehr anschaulich ergibt, eine Umschichtung in der Abteilung I voraus, also eine Umstellung und Neugliederung
des ganzen gesellschaftlichen Produktionsapparats.

dieser Umschichtungs- und Umgestaltungsprozeß noch viel langwieriger als sonst, weil in einer Zeit der Kohlen- und Rohstoffnot
die Erbauung neuer Wohnstätten, Fabriken u.s.w. unüberwindli-
chen Schwierigkeiten begegnet.

Die Befreiung der Arbeiterklasse von der kapitalistischen Ausbeutung setzt also zwei verschiedene Vorgänge voraus: erstens
den *juristischen* Akt der Konfiskation der kapitalistischen Mehrwerttitel und zweitens den *ökonomischen* Akt der Umschichtung
der Produktion, der Überführung der Arbeitskräfte und Arbeitsmittel aus der Produktion von Luxusgütern für die Kapitalisten
in die Produktion von Lebensmitteln für die Arbeiter. | 100

Die Lebenshaltung der Massen kann nur insoweit gehoben werden, als die Umschichtung der Produktion tatsächlich vollzogen
wird; durch den bloßen juristischen Akt der Konfiskation kann
sie nicht fühlbar gehoben werden. Kann die Umschichtung der
Produktion nur allmählich, nur im Verlaufe einer längeren Epoche vollzogen werden, so nützt es der Arbeiterklasse nichts, wenn
der juristische Akt der Konfiskation mit einem Schlage dekretiert
wird; die plötzliche Konfiskation ermöglicht nicht die Erhöhung
des Realeinkommens der Arbeiter, aber sie macht sofort einen
Teil der Arbeiterklasse, die Arbeiter der Luxusindustrie, arbeits-
und brotlos, ohne daß durch ihre Überführung in andere Produktionszweige sofort durchgeführt werden könnte.

Aber auch wenn die Konfiskation der Mehrwerttitel und die
ihr entsprechende Umschichtung der Produktion vollzogen ist,
ist das Realeinkommen der Arbeiterklasse nur um ein Geringes
vergrößert. Der größere Teil des Mehrwerts wird ja von der Kapitalistenklasse nicht konsumiert, sondern akkumuliert, das heißt
zum Kapital geschlagen und zur Vergrößerung und Vervollkommnung ihres Produktionsapparats verwendet. Diesen im Verlaufe der kapitalistischen Entwicklung schnell steigenden Teil des
Mehrwerts könnte aber auch eine sozialistische Gesellschaft den
Arbeiten nicht zuteilen, weil ja auch sie auf die stetige Vergrößerung und Vervollkommnung des gesellschaftlichen Produktionsapparats nicht verzichten kann. Die sozialistische Gesellschaft

kann daher nur den kleineren Teil des Mehrwerts, der von der
Kapitalistenklasse nicht akkumuliert, sondern konsumiert wird,
zur Hebung der Lage der Arbeitermassen verwenden. Aber die
Zahl der Arbeiter ist viel größer als die Zahl der Kapitalisten. Eine Mehrwertmasse, die einigen tausend Kapitalisten ein Leben
voll Genuß und Luxus ermöglicht, kann, auf Millionen Arbeiter
verteilt, keines einzelnen Arbeiters Lebenshaltung wesentlich
verbessern. Der Sozialismus kann also durch die bloße Veränderung der Verteilung des gesellschaftlichen Arbeitsertrages die
Lage der Massen nicht wesentlich heben. Er kann die Lebenshaltung der Massen nur dann fühlbar verbessern, wenn es ihm
gelingt, den gesellschaftlichen Arbeitsertrag selbst wesentlich
zu vergrößern; wenn er also die Produktion zu vergrößern, zu
rationalisieren und zu intensifizieren imstande ist.

Karl Kautsky berechnete im Jahre 1902, daß die Konfiskation
des Mehrwerts erlauben würde, das Einkommen der Arbeiter zu
verdoppeln, wenn man den Mehrwert auf die Arbeiter vertei-
len könnte. Dies sei aber nicht der Fall, da der größere Teil des
Mehrwerts auch nach der „Expropriation der Expropriateurs"
zur Vergrößerung und zur Vervollkommnung des gesellschaftlichen Produktionsapparats verwendet werden muß. „Wir sehen
also, daß zur Erhöhung der Löhne von den jetzigen Einkommen
der Kapitalisten nicht allzuviel übrig bleibt, selbst wenn wir das
Kapital mit einem Schlage konfiszieren. Es wird daher unbedingt
101   notwendig sein, daß man, um die Löhne der | Arbeiter erhöhen
zu können, die Produktion über ihr bisheriges Maß hinaus erhöht."[71] War das nun schon im Jahre 1902 richtig, so gilt es heute
in noch höherem Maße. Denn der Mehrwert, der auf die Arbeitermassen verteilt werden könnte, ist jetzt viel kleiner, als er vor
dem Kriege war.

Die Masse des Mehrwerts, die in einer Gesellschaft hervorge-
bracht wird, hängt ab: erstens von der Masse produktiver Arbeit, die in der Gesellschaft geleistet wird, und zweitens von der

---

[71] Kautsky, Die soziale Revolution. II. Am Tage nach der sozialen Revolution. Berlin
1902, Seite 21.

Mehrwertrate. Die Mehrwertrate selbst ist aber abhängig von der Produktivität der Arbeit. Sie „steigt mit steigender und fällt mit fallender Produktivkraft".[72] Nun wird einerseits infolge des Mangels an Rohstoffen und Kohlen weit weniger Arbeit geleistet als vor dem Kriege und es ist anderseits infolge des in der Kriegszeit getriebenen Raubbaus in der Landwirtschaft und im Bergbau und in Folge der physiologischen Schwächung der Arbeitskraft die Produktivität der Arbeit viel kleiner als vor dem Kriege. Daher muß heute die Mehrwertmasse kleiner sein, als sie vor dem Kriege war.

Anderseits muß die Gesellschaft jetzt einen noch größeren Teil des Mehrwerts als sonst akkumulieren. Denn da der Krieg nicht nur die Erweiterung und Vervollkommnung des gesellschaftlichen Produktionsapparats unterbrochen, sondern auch die einfache Reproduktion der verbrauchten Produktionsmittel gestört und überdies ungeheure Mengen von Produktionsmitteln vernichtet hat, muß jetzt ein viel größerer Teil der gesellschaftlichen Arbeit als sonst zur Reproduktion und zur Erweiterung des gesellschaftlichen Produktionsapparats verwendet werden. Ist aber der Mehrwert viel kleiner als früher und muß zugleich ein viel größerer Teil des Mehrwerts als früher akkumuliert werden, dann ist es klar, daß die Gesellschaft auch bei vollständiger Konfiskation des Mehrwerts das Einkommen der Arbeiter nur um ein geringes vergrößern könnte. Mehr denn je ist es heute wahr, daß die Lebenshaltung dermaßen nicht durch bloße Veränderung der Verteilung des gesellschaftlichen Arbeitsvertrages, sondern nur durch Steigerung der Produktion gehoben werden kann.

Der Sozialismus muß daher nicht nur die Gliederung der Produktion verändern, indem er die Stelle der Produktion von Luxusgütern für die Kapitalisten die Produktion von Lebensmitteln für die Arbeit ersetzt: er muß vielmehr auch und vor allem die Produktion überhaupt vergrößern und rationalisieren. Er vergrößert die Produktion, indem er die dem Kapitalismus, auch dem organisierten Kapitalismus, noch anhaftende Anarchie überwindet,

---

[72] Marx, Das Kapital. I., Seite 283.

Gütererzeugung und Güterverteilung planmäßig organisiert, die
Konkurrenz und den Handel ausschaltet, die großen Menschenmassen, die teils unmittelbar im Konkurrenzkampf tätig, teils mit
102   der Produktion von Konkurrenz- | erfordernissen beschäftigt sind,
zu produktiver Arbeit überführt. Er rationalisiert die Produktion,
indem er sie in den technisch vollkommensten Betriebsstätten
konzentriert und mit den vollkommensten Betriebsmitteln ausstattet. Aber beide Prozesse, sowohl die Verwandlung breiter
Menschenmassen aus Organen der Konkurrenz in Organe der
Produktion, als auch die Konzentrierung und Rationalisierung
der Produktion erfordern berufliche Umschichtung und örtliche
Umsiedlung großer Menschenmassen und Errichtung vieler neuer Produktionsstätten und Wohnstätten, sie erfordern also in
jedem Fall lange Zeit; sie können in jedem Fall nur allmählich
vollzogen werden und können bei der heutigen Kohlen- und Rohstoffnot nur besonders langsam vollzogen werden. Und nur in
dem Maße, als sie vollzogen werden, kann der Sozialismus die
Lebenshaltung der Massen wirklich heben.

Die Hebung der Lebenshaltung dermaßen setzt also nicht nur
den *juristischen* Akt der Expropriation der Expropriateurs, sondern auch den *ökonomischen* Prozeß der Rationalisierung des gesellschaftlichen Produktions- und Verteilungsapparats voraus.
Wenn der ökonomische Prozeß nur allmählich durchgeführt werden kann, wird auch die Lebenshaltung der Massen nur allmählich gehoben, wenn auch der juristische Expropriationsakt mit
einem Schlage dekretiert wird.

Der demokratische und der despotische Sozialismus unterscheiden sich zunächst dadurch, daß sie die *juristischen* Akte der
Expropriation der Produktionsmittel und die Konfiskation der
Mehrwerttitel in verschiedener Weise vollziehen. Will man Expropriation und Konfiskation mit einem Schlage durchführen,
dann braucht man die Mittel der Diktatur und des Terrors. Die
Demokratie kann die Expropriation und die Konfiskation nur allmählich, nur schrittweise, nur durch methodische Umbildung
der bestehenden Rechtseinrichtungen durchführen. Es unter-

liegt daher keinem Zweifel, daß die Diktatur das Mittel ist, den *juristischen* Akt der Sozialisierung wesentlich zu beschleunigen. Aber eine ganz andere Frage ist, ob die Diktatur auch den *ökonomischen* Prozeß der Sozialisierung, ob sie auch die Umschichtung und Rationalisierung der Produktion beschleunigen kann. Und nur wenn sie das kann, ist sie wirklich ein Mittel, die Hebung der Lebenshaltung und des Kulturniveaus der Massen zu beschleunigen.

Es ist nun leicht einzusehen, daß die Umschichtung und die Rationalisierung der Gütererzeugung und der Güterverteilung von der jeweiligen Struktur der kapitalistischen Volkswirtschaft, die der Sozialismus vorfindet, abhängig sind, daß sie daher in den einzelnen Volkswirtschaften auch in verschiedener Weise vollzogen werden müssen.

Ein sehr großer Teil der russischen Industrie gehörte ausländischen Kapitalisten. Die Mehrwertaneignung vollzog sich dort in folgender Weise: Die russische industrielle Unternehmung verkaufte ihre Erzeugnisse entweder den Bauern oder dem Staat, der sie mit den Steuern der Bauern bezahlte. Um Industrieprodukte kaufen und Steuern bezahlen zu können, mußte der Bauer Getreide verkaufen. | 103

Er verkaufte es an Händler, die das Getreide in das Ausland ausführten, dafür ausländische Zahlungsmittel eintauschten und diese Zahlungsmittel der industriellen Unternehmung verkauften. Die industrielle Unternehmung benützte diese Zahlungsmittel, um die Dividende an ihre ausländischen Aktionäre zu bezahlen. Im Grunde läuft dieser ganze Zirkulationsvorgang darauf hinaus, daß die industrielle Unternehmung ihre Erzeugnisse gegen Getreide austauscht und in der Gestalt dieses Getreides den Mehrwert in ihre ausländischen Aktionäre abführt und es ihnen überläßt, dieses Getreide gegen Produkte ihrer heimischen Luxusindustrie auszutauschen. Werden nun die Mehrwerttitel annulliert, wird also die Dividende nicht mehr an die Aktionäre abgeführt, sondern den Arbeitern zugeteilt, so ändert sich nur dies, daß das Getreide, das der Bauer verkauft, um die Industrie-

produkte kaufen zu können, nicht mehr in das Ausland ausgeführt, sondern von russischen Arbeiter gekauft und konsumiert
wird; die Getreidemenge, die mit dem Profit der industriellen
Unternehmung verkauft wurde, fällt jetzt eben nicht mehr den
ausländischen Aktionären, sondern den russischen Arbeitern zu.
Eine Umschichtung in der russischen Produktion erfolgt in diesem Falle überhaupt nicht; es ändert sich nur die Verteilung des
Produkts.

Ganz anders ist es, wenn zum Beispiel in England die Mehrwerttitel annulliert werden sollen. Der englische Kapitalist setzt
den Mehrwert gegen Produkte englischer Luxusindustrien um.
Werden nun die Kapitalisten expropriiert und wird der Mehrwert
den Arbeitern zugeeignet, so müssen einerseits die Luxusindustrien eingestellt, und es müssen anderseits diejenigen Produktionszweige, die Lebensmittel für die englischen Arbeiter produzieren, sowie diejenigen, die Exportwaren produzieren, für die
England ausländische Lebensmittel für den Bedarf seiner Arbeit
eintauscht, vergrößert werden. Hier erfordert also die Annullierung der Mehrwerttitel einen wirklichen Umschichtungsprozeß,
die Überführung von Arbeitskräften und Arbeitsmitteln aus den
Industriezweigen, die Güter für den Bedarf der Kapitalisten er-
zeugen, in andere Produktionszweige.

Da in Rußland ein großer Teil der Industrie von ausländischem
Kapital beherrscht wurde, während in West- und Mitteleuropa
das heimische Kapital vorherrscht, ist es klar, daß die Umschichtung der Produktion, die die Aufhebung der kapitalistischen Ausbeutung erfordert, in West- und Mitteleuropa in unvergleichlich
größeren Dimensionen notwendig sein wird als in Rußland.

Die russische Industrie ist sehr jung. Alle Errungenschaften der
modernen Technik sind fix und fertig nach Rußland importiert
worden. Die russische Industrie ist daher in verhältnismäßig wenigen, technisch höchst vollkommenen Betrieben konzentriert.
Der Sozialismus kann daher die Industrie übernehmen, ohne
den Produktionsapparat wesentlich umgestalten zu müssen. Anders zum Beispiel in England. Hier hat sich die Fabrikindustrie

seit einem Jahrhundert organisch entwickelt, es bestehen daher
nebeneinander in jedem In- | dustriezweig viele Betriebe sehr   104
verschiedener Größe und sehr verschiedener technischer Vollkommenheit. Hier wird der Sozialismus daran gehen können und
müssen, die rückständigen Betriebe stillzulegen, die Produktion
in den technisch vollkommensten Betrieben zu konzentrieren. In
alten Industrieländern wird also die Rationalisierung des gesellschaftlichen Produktionsapparats eine Aufgabe von unvergleichlich größeren Dimensionen sein als in Rußland.

In Rußland bilden die Bauern die überwiegende Mehrheit der
Bevölkerung und von den Produkten der bäuerlichen Wirtschaft
wird ein sehr großer Teil nicht verkauft, sondern von der Bauernfamilie selbst verbraucht. Der größere Teil des Arbeitsprodukts des russischen Volkes besteht also nicht aus Waren, die für
den Markt, sondern aus Gütern, die für den Eigenbedarf erzeugt
werden. Ganz anders zum Beispiel in England, wo die Landwirtschaft nur einen verhältnismäßig kleinen Teil der nationalen
Produktion bildet und auch die Landwirtschaft überwiegend für
den Markt, nicht für den Eigenbedarf produziert. In den Industriestaaten besteht also ein viel größerer Teil des nationalen
Arbeitsprodukts aus Waren als in Rußland. Nun muß der Sozialismus, wie wir wissen, die gesellschaftliche Verteilungsorganisati-
on rationalisieren und die Menschenmassen, die der Kapitalismus
im Konkurrenzkampf und in der Produktion von Konkurrenzer-
fordernissen verwendet, zu produktiver Arbeit überführen. Es
zeigt sich, daß auch dieser Rationalisierungsprozeß in West- und
Mitteleuropa bedeutend größere Dimensionen wird annehmen
müssen als in Rußland.

Es ergibt sich also, daß alle drei Prozesse, die den *ökonomischen*
Inhalt der Sozialisierung bilden, in West- und Mitteleuropa in
bedeutend größerem Umfang durchzuführen sein werden als in
der primitiven russischen Volkswirtschaft. Die Frage ist nun, ob
ihre Durchführung durch die Diktatur des Proletariats gefördert
und bescheinigt werden kann. Das scheint nun in der Tat der
Fall zu sein. Die Diktatur wirft nicht nur alle Widerstände gewalt-

sam nieder, die die Bourgeoisie dem großen Umschichtungs- und
Rationalisierungsprozeß bereiten kann, sie bricht auch viel leichter als der demokratische Sozialismus die Widerstände, auf die
dieser Umschichtungsprozeß in der Arbeiterklasse selbst stößt.
Große Massen von Arbeitern müssen, wenn die sozialistische
Produktion aufgebaut werden soll, aus ihren bisherigen Berufen
und Wohnorten in andere Berufe und Wohnorte überführt werden. Die beruflichen und lokalen Sonderinteressen der einzelnen
Arbeiterschichten geraten in Widerstreit gegen das Gesamtinter-
esse der Arbeiterklasse. Die Demokratie kann die Widerstände
der einzelnen Arbeiterschichten gegen diesen Umschichtungs-
105   prozeß nur mit den Mitteln der Erziehungsarbeit, des | Appells an
die Einsicht und die Solidarität der Arbeiter, also nur allmählich
überwinden. Die Diktatur bricht diese Widerstände mit allen den
Mitteln des militärischen Zwanges und des Terrors, den sie im
Namen der Arbeiterklasse gegen die einzelnen Arbeiterschichten
übt. Gerade weil die Diktatur des Proletariats zur Diktatur über
das Proletariat wird, und sofern sie das wird, kann sie die große
Umschichtung der ganzen Produktion und Verteilung, die die
Voraussetzung des Sozialismus ist, viel schneller als die Demokratie durchführen.

Aber ist es überall möglich, den großen Umschichtungsprozeß mit den Mitteln der Diktatur zu erzwingen? In Rußland ist
der Umschichtungs- und Rationalisierungsprozeß nur in ver-
gleichsweise kleinen Dimensionen notwendig. Und der russische
Arbeiter erträgt es, daß die Sowjetmacht ihn zur Arbeitsarmee
einberuft und ihn dorthin schickt, wo sie ihn braucht. In England muß der Umschichtungs- und Rationalisierungsprozeß viel
tiefer in die Lebensgewohnheiten der Massen eingreifen. Dort
müssen Millionen Arbeiter zu neuen Berufen geführt, in neue
Wohnstätten übersiedelt werden. Würde der englische Arbeiter,
dessen starker Individualismus, dessen Beharren auf der Autonomie des einzelnen Betriebes und des einzelnen Industriezweiges
sich in seinem Ideal einer „industriellen Demokratie" so deutlich
ausprägt, es ertragen, wenn eine diktatorische Gewalt, und sei

es auch eine von der Arbeiterklasse eingesetzte Gewalt, seinen Betrieb stilllegen, ihm den Übergang zu einem anderen Beruf, die Übersiedlung in eine andere Stadt kommandieren wollte? Auf russischem Kulturniveau kann der große Umschichtungsprozeß in der Produktion unter diktatorischem Zwang vollzogen, daher auch beschleunigt werden. In einem hochentwickelten Industriestaat mit einem individualistisch fühlenden, in der Gedankenwelt des *selfgovernment* erzogenen Arbeiterschaft würde jeder solche Versuch an dem Widerstand der Arbeitermassen selbst scheitern. Hier kann der große Umschichtungsprozeß nicht anders als allmählich, in stetem Einvernehmen mit den einzelnen Berufs- und Industriegruppen, unter sorgsamer Schonung ihrer Sonderinteressen vollzogen werden. Nicht zwangsweise Überleitung erwachsener Arbeiter zu neuen Berufen, sondern nur planmäßige Beeinflussung der Berufswahl, nicht zwangsweise Überführung in neue Betriebsstätten und neue Wohnsitze, sondern nur planmäßige Siedlungstätigkeit, die nicht durch Zwang, sondern nur durch die Lockungen günstigerer Lebensbedingungen wirkt, wird in einer hochzivilisierten Umwelt den Umschichtungs- und Rationalisierungsprozeß durchführen können. Daraus folgt aber, daß dieser Prozeß ungleich länger währen, sich nur allmählich vollziehen wird.

Es ist zwecklos, den *juristischen* Akt der Expropriation und der Konfiskation mit einem Schlage zu vollziehen, wenn der *ökonomische* Prozeß der Sozialisierung nur allmählich, nur im Verlaufe von Generationen vollzogen werden kann. Denn dies hätte nur zur Folge, daß die breiten Massen der Arbeiter der Luxusindustrie, der | Intellektuellen, der Kaufleute, Handelsangestellten u.s.w. 106 brotlos würden, ohne zunächst in neue Berufe überführt werden zu können, daß daher die Lebenshaltung beider Arbeiterschichten tief gedrückt würde, ohne daß zugleich die Lebenshaltung der Gesamtheit der Arbeiterklasse im geringsten gehoben werden könnte. Es ist daher zweckmäßiger, auch den juristischen Akt der Sozialisierung nur allmählich, und zwar nur in dem Tempo zu vollziehen, indem der ökonomische Prozeß der Sozialisierung vollzogen werden kann: also die Mehrwerttitel nur schrittweise in dem Tempo zu annullieren, in dem die durch die Einschränkung der kapitalistischen Nachfrage arbeitslos werdenden Arbeiter der Luxusindustrie in andere Produktionszweige überführt werden können; die Industrie und den Handel nur in dem Tempo zu expropriieren, in dem die Konkurrenzagenden in die Produktionssphäre überführt werden können und die Produktion rationalisiert werden kann. Die Tatsache, daß die ökonomische Umbildung nur allmählich durchgeführt werden kann, fordert, daß auch der juristische Akt nicht durch plötzlichen, gewaltsamen Bruch mit der Vergangenheit, sondern durch planmäßige Umbildung des Bestehenden, also nicht mit den Methoden der Diktatur, sondern mit den Methoden der Demokratie, durchgeführt werde.

Indessen ist es gewiß möglich, daß die Widerstände, die juristischen Sozialisierungsakten entgegenstehen, nur mit diktatorischen Mitteln gebrochen werden können. Aber auch in diesem Falle kann die Diktatur nur eine vorübergehende Phase sein, die den juristischen Akt dekretiert; der folgende ökonomische Prozeß wird nur allmählich, nur durch die Selbsttätigkeit der werktätigen Massen selbst, also nur auf dem Boden der Demokratie vollzogen werden können. Das ist nun freilich ein viel langsamerer Vorgang; der Despotismus, der einem Volk eine Neuordnung aufzwingt, arbeitet immer schneller als die Demokratie, die die Neuordnung nur in dem Maße aufbauen kann, als sie in der Einsicht der Massen selbst reift. Aber dafür kann der langsame demokratische Unbildungsprozeß die Lebenshaltung des Volkes viel wirksamer heben als der diktatorische Zwang.

Die Diktatur hat in Rußland die Lebenshaltung der städtischen Arbeiter zunächst nicht verbessert, sondern furchtbar verschlechtert. Diese Verschlechterung ist die Folge des Bürgerkrieges, der Blockade durch das kapitalistische Ausland und der zeitweiligen Anarchisierung der Produktion. Werden diese unmittelbaren Wirkungen der Revolution überwunden, so wird sich die Lebenshaltung der Massen natürlich wesentlich verbessern. Aber wir dürfen nicht überschätzen, was die Sozialisierung der industri-

ellen Produktion und der Verteilung in Rußland für die Hebung
der Lebenshaltung leisten kann. Der Sozialismus kann ja, wie wir
gesehen haben, die Lebenshaltung der Massen nur in geringem
Maße durch die Beschlagnahme des Mehrwerts, in größerem
Maße nur dadurch geben, daß er die Produktion vergrößert und
rationalisiert. In dieser Beziehung aber kann der Sozialismus gerade in Rußland verhältnismäßig wenig leisten: er kann die Pro-
| duktion nur verhältnismäßig wenig vergrößern, weil die Men- 107
schenmassen, die aus der Sphäre der Konkurrenz in die Sphäre
der Produktion zu überführen sind, dort nur einen verhältnismäßig kleinen Teil des Volkes bilden, und für die Rationalisierung
der industriellen Produktion hat ihn der Kapitalismus verhältnismäßig wenig zu tun übriggelassen, weil er Industrie nach Rußland
schon in höchstkonzentrierter, technisch höchst vollkommener
Gestalt übertragen hat. Der russische Bolschewismus wird genug
zu tun haben, die russische Industrie wieder zu einer technisch
gleich rationellen Produktion zurückzuführen, wie sie sie vor der
Revolution schon erreicht hatte; eine Rationalisierung über diese
Stufe hinaus wird ihm noch lange nicht möglich sein.

Nicht die Sozialisierung der Industrie, sondern die Rationalisierung der Landwirtschaft ist das wichtigste Mittel, die Produktivität der Arbeit des russischen Volkes und damit auch die
Lebenshaltung der russischen Volksmassen in Stadt und Land
zu heben. Die Rationalisierung der Landwirtschaft setzt aber die
Hebung des Kulturniveaus der Bauernschaft voraus; denn nur
auf höherer Kulturstufe wird der Bauer fähig, von den überlieferten
Arbeitsmethoden zu vollkommeneren fortzuschreiten. Aber
wenn der Bauer kulturell reif wird zu intensiverer Landwirtschaft,
wird er zu reif, die Diktatur des industriellen Proletariats zu ertragen. Nicht dadurch, daß sie die Sozialisierung der Industrie
beschleunigt, sondern nur in dem Maße, als sie sich um die kulturelle Hebung der Bauernschaft bemüht, kann die Diktatur in
Rußland die Produktivität der Arbeit steigern, die Lebenshaltung
dermaßen heben; aber gerade dadurch untergräbt sie zugleich
auch die Grundlagen ihrer eigenen Existenz: wenn Sie die Bau-

"ernschaft auf ein höheres Kulturniveau hebt, erzeugt sie selbst die Basis der künftigen Demokratie."

ernschaft auf ein höheres Kulturniveau hebt, erzeugt sie selbst die Basis der künftigen Demokratie.

In West- und Mitteleuropa dagegen bildet die Industrie einen ungleich größeren Teil der gesellschaftlichen Produktion, sie bedarf in viel höherem Maße der Rationalisierung und ein ungleich größerer Teil des Volkes ist aus der Sphäre der Konkurrenz in die Sphäre der Produktion zu überführen. Hier ist der gesellschaftliche Rationalisierungsprozeß in ungleich größeren Dimensionen möglich und notwendig. Deshalb ist hier die Rationalisierung der Produktion und der Verteilung ein ungleich größerer, nur viel langsamer vollziehbarer, nicht diktatorisch zu erzwingender, sondern nur demokratisch zu erarbeitender Prozeß; aber eben deshalb kann durch diesen Rationalisierungsprozeß, der hier die eigentliche ökonomische Aufgabe des Sozialismus bildet, die Produktivität der Arbeit in ungleich höherem Maße gesteigert, also auch die Lebenshaltung der Massen in ungleich höherem Maße gehoben werden.

Nur eine unsäglich oberflächliche Auffassung des Sozialismus sieht das Wesen seiner Aufgabe in der Sozialisierung des *Eigentums*, also in den juristischen Akten der Expropriation und Konfiskation. In Wirklichkeit ist die Sozialisierung des Eigentums nur die | wesenlose Form; ihr wesentlicher Inhalt ist die Sozialisierung der *Produktion*: die ökonomische Aufgabe der Umschichtung der Produktion, der Neuverteilung der Menschen und der Arbeitskräfte auf die Produktionszweige, der Rationalisierung der Produktion und der Verteilung. Die Sozialisierung des *Eigentums* kann die Gewalt mit einem Schlage erzwingen. Die Sozialisierung der *Produktion* kann nur das Ergebnis jahrzehntelanger methodischer Arbeit sein. Zur Sozialisierung des *Eigentums* genügen freilich die Dekrete der Diktatur; aber dadurch werden die Menschen nicht zu höheren Lebensformen geführt. Die Sozialisierung der *Produktion* erst gibt der Menschheit vollkommenere Herrschaft über die Natur; aber sie kann nicht das Werk der Gewalt, nur die Frucht demokratischer Selbstständigkeit aller Arbeitenden sein.

3.4 Diktatur und Demokratie

D IE MACHT EINER KLASSE ist bestimmt: erstens durch *soziale* Machtfaktoren, zweitens durch die Mittel materieller *Gewalt*, über diese verfügt.

Die *sozialen* Machtfaktoren, die die Macht einer Klasse bestimmen, sind vornehmlich: erstens die Zahl der Klassenangehörigen; zweitens die Art, Stärke, Leistungsfähigkeit ihrer Organisation; drittens ihre Stellung im Produktions- und Verteilungsprozeß, die die wirtschaftlichen Machtmittel bestimmt, über die sie verfügt; viertens die Stärke ihres politischen Interesses, ihrer Beweglichkeit, Aktivität, Opferfähigkeit; fünftens die Höhe ihrer Bildung, der Grad ihrer Fähigkeit, ihre eigenen Klassenangehörigen und andere Klassen mit geistigen Mitteln zu beeinflussen, die Anziehungskraft ihrer Ideologie.

Die Mittel der materiellen *Gewalt*, über die eine Klasse verfügt, sind die Maße der wehrfähigen Arme, über die sie kommandiert, die Masse und die Vollkommenheit der Waffen, mit denen sie diese Arme ausrüsten kann, die Güte der Führung und Organisation, die sie ihrer bewaffneten Macht zu geben fähig ist.

Die Demokratie ist diejenige Staatsform, innerhalb deren die Machtverteilung im Staate *ausschließlich* durch die sozialen Machtfaktoren bestimmt, nicht durch die Anwendung materieller Gewaltmittel zugunsten einer Klasse verschoben wird.

Alle sozialen Machtfaktoren bestimmen die Machtverteilung im demokratischen Staat. Zunächst die Zahl: je zahlreicher eine Klasse ist, desto stärker beeinflußt sie das Ergebnis der Wahlen und desto stärker ist sie im Volksheer vertreten. Dann die Organisation: je besser zum Beispiel die Organisation des Proletariats, desto stärker beeinflußt es die Zusammensetzung und die Tätigkeit des demokratischen Parlaments. Weiter die Stellung im Produktionsprozeß: der Bourgeoisie erlaubt ihr Reichtum, durch ihre Presse, durch großen Geldaufwand bei den Wahlen die Wähler zu beeinflussen; das industrielle | Proletariat kann, 109 in den Fabriken zusammengeballt, die Wahl besser organisieren als das auf Gutshöfen und Bauernhäusern verstreute ländliche

Proletariat; durch Einstellung von Arbeiten, die der Gesellschaft unentbehrlich sind, kann das Proletariat die Gesetzgebung wirksam beeinflussen. Ebenso die politische Beredsamkeit und das Kulturniveau: die Intelligenz, unabhängig von ihrer Zahl, übt starken Einfluß als Produzentin der „öffentlichen Meinung"; die Bauernschaft ist anfänglich immer bloßes „Stimmvieh", dessen Stimmen andere Klassen sich dienstbar machen, und erst nach jahrzehntelanger Schulung erlernt sie es, das Wahlrecht für ihre eigenen Klasseninteressen zu gebrauchen.

Der „Gesamtwille" des demokratischen Staates ist bloße Resultierende der *sozialen* Machtfaktoren. Wenn zum Beispiel die kapitalistische Entwicklung die Zahl der Proletarier vergrößert, ihre Organisierung fördert, ihr Klassenbewußtsein weckt, ihr Kulturniveau erhöht, so wächst in gleichem Maße auch die Macht des Proletariats im demokratischen Staate.

Wo die Zahl der Arbeiter so klein oder das Klassenbewußtsein der Arbeiter so wenig entwickelt ist, daß die besitzenden Klassen über die Mehrheit der Stimmen verfügen, dort ist der demokratische Staat ein Instrument der Herrschaft der besitzenden Klassen. In der Regel fällt die Führung der besitzenden Klassen in die Hände der Bourgeoisie: die Demokratie ist dann Bourgeois-Demokratie. Unter Umständen kann es aber auch die Bauernschaft sein, deren Interessen und Anschauungen der Gesetzgebung und Verwaltung des demokratischen Staates das Gepräge aufdrücken: der demokratische Staat wird zur Bauernrepublik. Bildet die Arbeiterklasse bereits die überwiegende Mehrheit der Wähler und ist das Klassenbewußtsein der Arbeiter in Stadt und Land schon so erstarkt, daß sich die Arbeiter nicht mehr von der kapitalistischen Presse und von der kapitalistischen Wahlmache beeinflussen lassen, dann erobert die Arbeiterklasse die Macht in demokratischen Staaten, er wird zum Instrument ihrer Herrschaft, die Demokratie wird zur proletarischen Demokratie. Die Demokratie ist bloße Form; ob diese Form mit kapitalistischem, bäuerlichem oder proletarischem Inhalt gefüllt wird, hängt von den sozialen Machtfaktoren ab. Die Demokratie ist ein Instru-

ment der Klassenherrschaft; aber dieses Instrument kann, je nach
dem Entwicklungsgrad der sozialen Machtfaktoren, in die Hände
verschiedener Klassen fallen, in die Hände der Bourgeoisie, der
Bauernschaft, des Proletariats. Ist die Demokratie in der Regel
noch eine Form der Herrschaft der Bourgeoisie, so wird sie auf
einer bestimmten Entwicklungsstufe der sozialen Machtfaktoren
zur Form der Herrschaft des Proletariats.

Natürlich beruht wie jeder Staat auch der demokratische auf
der Gewalt. Aber der demokratische Staat benützt die Waffengewalt nur zu dem Zweck, um seinen Gesetzen, Verordnungen,
Verfügungen gegen widerstrebende Minderheiten Geltung zu
sichern. Der Inhalt dieser | Gesetze, Verordnungen, Verfügungen   110
aber ist nicht durch die Gewalt einer Klasse, sondern ausschließlich durch die sozialen Machtfaktoren der Klassen bestimmt.

In allen anderen Staatsformen dagegen hat die Gewalt eine
ganz andere Funktion. Betrachten wir zum Beispiel das Deutsche Reich vor der Novemberrevolution! Wäre Deutschland vor
1918 eine Demokratie gewesen, so hätten die Familie Hohenzollern, die Generale, die Junker, die Schwerindustrie, die Bürokratie
einen viel schwächeren, die Arbeiterklasse einen viel stärkeren
Einfluß gehabt, als sie tatsächlich hatten. Die Verfassung, die
Deutschland hatte, gab durch die Institutionen der Monarchie,
des Bundestags, des Dreiklassenwahlrechts, des Herrenhauses,
der bürokratischen Verwaltungsorganisation, der Offizierspri-
vilegien u.s.w. den Junkern und Kapitalisten eine größere, den
Arbeitern eine kleinere Macht, als sie in einer demokratischen
Verfassung gehabt hätten; sie gab also den Junkern, Kapitalisten,
Bürokraten eine größere, den Arbeitern eine kleinere Macht, als
den sozialen Machtfaktor entsprach. Diese Verfassung aber war
dadurch möglich und wurde dadurch aufrechterhalten, daß die
herrschenden Klassen über die materielle Gewalt, über das Heer
verfügten. Alle nicht demokratischen Staatsformen beruhen darauf, daß eine Klasse mittels der Gewalt eine Verfassung schafft
und aufrechthält, die ihr mehr, den anderen Klassen weniger
Macht gibt, als den sozialen Machtfaktor entspricht. Alle nicht

demokratischen Verfassungen beruhen also auf der Vergewaltigung der sozialen Machtfaktoren. In jeder nicht demokratische
Verfassung besteht ein Widerspruch zwischen der durch Gewalt
aufrechterhaltenen *rechtlichen* Machtverteilung und der durch
die sozialen Machtfaktor und bestimmten *gesellschaftlichen* Machtverteilung — ein Widerspruch, den die demokratische Staatsform
nicht enthält.

Aber kann die Gewalt eine Machtverteilung begründen und aufrechterhalten, die den sozialen Machtfaktor nicht entspricht, so
ist doch die Gewalt selbst von den sozialen Machtfaktoren abhängig. Es hängt von der Entwicklung der sozialen Machtfaktoren ab,
ob es einer Klasse gelingt, die Armee, die zu ihrer Vergewaltigung
genutzt wird, zu beeinflussen, zu durchsetzen, von innen heraus
zu sprengen oder ihr die Mittel ihrer materiellen Existenz zu entziehen oder ihr eine Gegenarmee entgegenzustellen. Daher ist die
Vergewaltigung der sozialen Machtfaktoren immer nur so lange
aufrechtzuerhalten, als der Widerspruch zwischen der rechtlichen und der gesellschaftlichen Machtverteilung nicht allzu groß
ist. Wird ihr Widerstreit zu groß, dann tritt die Revolution ein,
die die den sozialen Machtfaktoren widersprechende Staatsform
springt und die rechtliche Machtverteilung der gesellschaftlichen
angleicht. Als der dritte Stand in der rechtlichen Machtverteilung
noch nichts, in der gesellschaftlichen schon alles war, wurde die
111 absolutistische Staatsordnung durch die Evolution gesprengt. |

Wie jede andere nicht demokratische Verfassung beruht auch
die Rätediktatur darauf, daß eine Klasse, in diesem Falle das Proletariat, der Gesellschaft mit Waffengewalt eine Verfassung aufzwingt, die der herrschenden Klasse eine größere Macht sichert,
als sie in einer demokratischen Verfassung, also bei freier Wirksamkeit der sozialen Machtfaktoren haben könnte. Wie jede andere nicht demokratische Verfassung ist auch die Rätediktatur
nur dann zu behaupten, wenn der auch in ihr enthaltene Widerspruch zwischen der rechtlichen und der gesellschaftlichen
Machtverteilung nicht zu groß ist.

Wie jede nicht demokratische Verfassung kann auch die Rätediktatur nur durch die gewaltsame Niederwerfung der beherrschten Klassen, also durch den Bürgerkrieg begründet werden. Auch
in Rußland konnte die Rätediktatur nur im zweieinhalb Bürgerkrieg gegen die Kaledin, Dutow, Koltschak, Denikin, Judenitsch
gesichert werden. Auch dort hatte der Bürgerkrieg ungeheure wirtschaftliche Zerstörungen, die Verwüstung des ganzen
Produktions- und Transportsystems, die Verelendung der städtischen Arbeitermassen zur Folge. Trotzdem konnte sich die Rätediktatur in Rußland behaupten. Dank der ökonomischen und
politischen Schwäche des Bürgertums und dank der Kulturfrei-
heit der Bauernschaft kann die revolutionäre Vorhut des Proletariats ihre Alleinherrschaft aufrechterhalten. Der Widerspruch
zwischen rechtlichen und gesellschaftlichen Machtverteilung ist
noch nicht so, daß die Sowjetdiktatur gesprengt werden müßte;
die Alleinherrschaft des Proletariats kann in Rußland so lange behauptet werden, bis der kulturelle Aufstieg der Bauernschaft die
gesellschaftliche Machtverteilung wesentlich verändert und damit auch die gegenwärtige rechtliche Machtverteilung unhaltbar
macht.

Ganz anders ist es in West- und Mitteleuropa. Hier steht das
Proletariat einer ungleich stärkeren Bourgeoisie, einer ungleich
freundlicheren Intelligenz, vor allem aber einer ganz andersge-
arteten Bauernschaft gegenüber. Hier könnte daher die Rätediktatur nur mit noch furchtbareren Gewaltmitteln, nur in noch
furchtbarerem Bürgerkriege erobert und behauptet werden als
in Rußland. Hier erfordert die Sozialisierung der Produktion eine
viel gewaltigere Umschichtung und Umsiedlung der Volksmassen
und sie hat daher viel stärkeren Widerstand der Sonderinteressen
bei einzelnen Arbeiterschichten zu überwinden als in Rußland.
Hier hätte der Abbruch der Handelsbeziehungen mit dem Ausland ungleich schwerere Folgen. Hier würde das Proletariat selbst
die Allmacht der zentralen Staatsgewalt viel schwerer abtragen,
sich eine Diktatur, die ihm zunächst nichts als Bürgerkrieg, Hungersnot, Zwang zum Übergang zu neuen Berufen und zur Über-

siedlung in neue Wohnstätten bringen könnte, selbst sehr bald
widersetzen. Hier würde die Diktatur in wirtschaftlichem und
sozialem Chaos sehr schnell zusammenbrechen.

　　Ist die Rätediktatur hier auf längere Dauer kaum möglich, so
bedarf das Proletariat ihrer hier auch nicht, um die Macht zu
er- | obern. Während in Rußland das Proletariat eine kleine Min-
derheit der Bevölkerung bildet, ist es in jedem modernen Industriestaat die Mehrheit der Bevölkerung. Es kann hier daher
auch, anders als in Rußland, auf Grundlage der Demokratie und
mit den Mitteln der Demokratie, die Macht im Staate erobern.
Es besitzt diese Macht heute nur deshalb nicht, weil es geistig
noch unter dem Einfluß der Bourgeoisie steht, weil sich breite
Arbeiterschichten von dem Einfluß der kapitalistischen Presse,
kapitalistischen Wahlmache, kapitalistischen Erziehung noch
nicht befreit haben. Aber wer sich die ganze Größe und die ganze
ungeheure Schwierigkeit des ökonomischen Sozialisierungsprozesses in einem modernen Industriestaat einmal vergegenwärtigt
hat, der kann nicht glauben, daß diese Riesenaufgabe von einem
Proletariat wird bewältigt werden können, das geistig noch nicht
einmal reif genug ist, sich von kapitalistischen Zeitungen und
kapitalistischer Wahlmache nicht beeinflussen zu lassen.

　　Allerdings, auch wenn das Proletariat die politische Macht mit
den Mitteln der Demokratie erobert, wird sich die Bourgeoisie
seiner Herrschaft widersetzen. Sie wird sich gegen den demokratischen Staat aufwenden, sie wird seinen Gesetzen den Gehorsam
verweigern, sie wird seine Verwaltung sabotieren, sobald die
Demokratie zu proletarischer Demokratie geworden sein wird.
Auch ein demokratisches Parlament wird diktatorische Machtmittel für sich in Anspruch nehmen müssen, es wird die Sabotage,
vielleicht den aktiven Widerstand der Bourgeoisie mit diktatorischen, vielleicht auch mit terroristischen Mitteln zu brechen
haben, sobald dieses Parlament zum Herrschaftsinstrument der
Arbeiterklasse geworden sein wird. Auch das kann man Diktatur
des Proletariats nennen; aber es ist eine ganz andere Diktatur
als die des Bolschewismus. Es ist nicht eine Diktatur gegen die

Demokratie, sondern die *Diktatur der Demokratie.* Hier sucht die
Gewalt nicht eine rechtliche Machtverteilung zu erzwingen, die
im Widerspruch zu der gesellschaftlichen Machtverteilung steht,
sondern sie sichert nur die durch die sozialen Machtfaktoren
selbst bestimmte Machtverteilung gegen die Auflehnung einer
Minderheit. Die Gewalt des Proletariats vergewaltigt in diesem
Falle die sozialen Machtfaktoren nicht, sondern sie setzt ihre Geltung gegen die Gewalt einer Minderheit durch, die sich ihnen wi-
dersetzt. Auch solcher Kampf kann zu schweren wirtschaftlichen
und sozialen Erschütterungen führen; aber wo die Gewalt nur die
rechtliche Machtverteilung verteidigt, die der bereits erreichten
Entwicklungsstufe der sozialen Machtfaktoren entspricht, werden diese Erschütterungen doch viel weniger schwer sein als dort,
wo die Gewalt eine rechtliche Machtverteilung erzwingen will,
die im Widerspruch zu der gesellschaftlichen Machtverteilung
steht.

Freilich, es ist keineswegs sicher, daß die Geschichte dem Proletariat erlauben wird, seine Diktatur erst nach der Eroberung
der politischen Macht mit den Mitteln der Demokratie, also in
der Form der Diktatur eines demokratischen Parlaments und lo-
kaler demokratischer | Selbstverwaltungskörper aufzurichten. 113
Es kann sehr wohl geschehen, daß die Entwicklung der Klassenkämpfe das Proletariat zu vorübergehender Diktatur schon in
einer Phase zwingt, in der es noch nicht mit den Mitteln der
Demokratie herrschen kann. In der Periode der entscheidenden
Machtkämpfe zwischen der Bourgeoisie und dem Proletariat wird
der Klassengegensatz überaus verschärft. Die Schärfe des Klas-
sengegensatzes kann die Demokratie sprengen. Es kann eine Lage
eintreten, in der die Bourgeoisie nicht mehr stark genug ist, das
Proletariat, aber das Proletariat noch nicht stark genug ist, die
Bourgeoisie mit den Mitteln der Demokratie zu beherrschen, und
in der doch auch die Machtverteilung zwischen beiden Klassen —
etwa in der Form einer Koalition zwischen Bourgeoisie und proletarischen Parteien wie Deutschösterreich oder in der Form einer
freiwilligen Duldung der Bourgeoisherrschaft durch das Prole-

tariat wie Italien — an der Schroffheit der Klassengegensätze scheitert. Kann der demokratische Apparat nicht mehr funktionieren, so muß entweder die Bourgeoisie oder das Proletariat mit den Mitteln der Gewalt seine Klassenherrschaft aufrichten. Die Diktatur des Proletariats wird in diesem Falle zum einzigen Mittel, die brutale, konterrevolutionäre Diktatur der Bourgeoisie zu verhindern.

In diesem Falle wird die Diktatur des Proletariats andere Formen annehmen müssen als dort, wo das Proletariat bereits die gesetzgebenden Körperschaften der Demokratie erobert hat. Hier kann die Diktatur des Proletariats nicht die Form einer Diktatur der Demokratie, sondern nur die Form einer Diktatur proletarischer Klassenorganisationen annehmen. Diese Klassenorganisationen können, wie in Rußland, die Arbeiterräte, es können, wie 1871 in Paris, lokale Selbstverwaltungskörper, die bereits vom Proletariat erobert sind, es können aber auch die Gewerkschaften sein. In Rußland, wo die Revolution ein Proletariat vorfand, das eben erst sich zu organisieren begann, konnten nur die Arbeiterräte zu Organen seiner Herrschaft werden; in Mittel- und Westeuropa, wo die Gewerkschaften längst die eigentlichen Träger der täglichen proletarischen Aktion sind, können unter Umständen auch sie, die weit mehr wirtschaftliche Erfahrung und einen weit besser organisierten Verwaltungsapparat besitzen als die Räte, diese Funktion übernehmen, zumal da ihre zentralisierte Organisation die schnelle Zusammenfassung der lokalen Gewalten der proletarischen Diktatur zu einer zentralen Gewalt wesentlich erleichtern würde.

Aber nicht auf die Form einer proletarischen Diktatur kommt es an, sondern auf ihren sozialen Inhalt. Wenn das Proletariat die Diktatur als dauernde Form seiner Klassenherrschaft, als politisches Instrument zur Überwindung der kapitalistischen Gesellschaftsordnung proklamiert, dann zerreißt die Diktatur die ganze Kontinuität des wirtschaftlichen Prozesses und der sozialen Verwaltung und es treten unvermeidlich alle jene ungeheuren sozialen und wirtschaftlichen Erschütterungen ein, unter denen

Diktatur in West- und Mittel- | europa zusammenbrechen müßte. 114
Wenn das Proletariat dagegen die Diktatur nur als ein Mittel an-
sieht und nur als ein Mittel proklamiert, die Demokratie von der
unmittelbar drohenden Gefahr einer antidemokratischen Konterrevolution zu retten, oder einen Konflikt, an dem die Demokratie
gescheitert ist, zu entscheiden, nach der Erfüllung dieser Aufgabe
aber den Staat zu den demokratischen Formen zurückzuführen,
dann können diese Gefahren unter Umständen vermieden werden. Die ungeheure Aufgabe der Umschichtung der Produktion,
der Rationalisierung der Gütererzeugung und der Güterverteil-
lung, der beruflichen und örtlichen Umschichtung der Arbeitermassen kann in West- und Mitteleuropa nur auf der Basis des
örtlichen und des beruflichen *selfgovernment*, nur unter der Mitwirkung und Mitkontrolle aller Volksschichten, die noch wichtige
Funktionen im gesellschaftlichen Arbeitsprozeß versehen, also
nur auf dem Boden der Demokratie bewältigt werden. Die Diktatur kann hier nur die Demokratie gegen konterrevolutionäre
Gefahren sichern oder gegen die Auflehnung von Minderheiten
verteidigen, aber sie kann nicht selbst die Aufgaben lösen wollen,
die nur die Demokratie lösen kann.

Noch nach dem Frieden von Brest-Litowks schrieb Trotsky:
„Kautsky bewies, daß für die arbeitende Klasse die Beibehaltung
der Grundlagen demokratischen Aufbaues letztenendes stets von
Nutzen sei. Im großen und ganzen ist dies natürlich vollkommen
richtig. ... Aber wenn es letzten Endes für das Proletariat vorteilhaft ist, seinen Klassenkampf und sogar seine Diktatur in die
Rahmen demokratischer Institutionen zu leiten, so bedeutet das
noch keineswegs, daß die Geschichte dem Proletariat immer eine
solche Kombination ermöglicht. Die marxistische Theorie ergibt
noch keineswegs, daß die Geschichte stets solche Bedingungen
schaffe, die für das Proletariat ,am günstigsten' seien."[73] Diese
Ansicht Trotskys ist gewiß richtig; aber aus ihr folgt: 1. daß das
Proletariat nicht etwa immer und überall die Diktatur als Ziel

---

[73] Trotsky, Von der Oktoberrevolution bis zum Brester Friedensvertrag. Berlin
1919, Seite 95.

anzustreben hat, sondern sich zur Diktatur nur dort entschließen
soll und muß, wo die Geschichte selbst ist dazu zwingt; 2. daß
das Proletariat an der Diktatur nur so lange festhalten muß, als
die geschichtlichen Bedingungen es dazu zwingen, daß es aber,
sobald „die Geschichte ihm eine solche Kombination ermöglicht",
bestrebt sein muß, „seinen Klassenkampf und sogar seine Diktatur in die Rahmen demokratischer Institutionen zu leiten". Aber
diese Folgerungen zieht die landläufige kommunistische Doktrin
nicht. Sie hält die besonderen geschichtlichen Bedingungen, die
das russische Proletariat zur Diktatur gezwungen haben, für die
allgemeinen Bedingungen des proletarischen Klassenkampfes
überhaupt, sie glaubt, die Demokratie könne nie etwas anderes
sein oder werden als die „versteckte Diktatur der Bourgeoisie",
115 das Proletariat könne seine Herr- | schaft nicht anders verwirkli-
chen als durch die Rätediktatur, und diese Rätediktatur müsse
dauern, bis „der Staat abstirbt und mit ihm die Klassen selbst".[74]
Von der Einsicht Trotskys ist hier nichts mehr übrig geblieben.

Wohl ist der Staat immer ein Herrschaftsorgan einer Klasse.
Aber die Formen der Klassenherrschaft verändern sich im Laufe
der Entwicklung. Schon in dem letzten Menschenalter vor dem
Kriege beruhte die Herrschaft der Bourgeoisie in West- und Mitteleuropa nicht mehr auf der offenen, brutalen Entrechtung des
Proletariats. Die Bourgeoisie konnte ihre Klassenherrschaft nur
noch in den Formen der Demokratie ausüben. In einer hochzivilisierten Gesellschaft, in der alle Klassen am öffentlichen Leben
regen Anteil nehmen, ist auf die Dauer keine andere Klassenherrschaft mehr möglich als die, die auch den beherrschten Klassen
die Freiheit des Wettbewerbs um die „öffentliche Meinung", die
Teilnahme an der Bildung des staatlichen Gesamtwillens und die
Kontrolle seiner Wirksamkeit erlaubt; als eine Klassenherrschaft
also, deren Bestand auf den sozialen Machtfaktoren der herrschenden Klasse, nicht auf ihren mechanischen Gewaltmitteln
beruht. Hier wird auch die Klassenherrschaft des Proletariats auf

---

[74] Richtlinien der kommunistischen Internationale, beschlossen im März 1919.
Vergleiche: Die Gründung der Dritten Internationale. Wien 1919.

die Dauer nur in denselben Formen und unter denselben Voraussetzungen möglich sein. Deshalb wird die Diktatur hier nicht
mehr als ein vorübergehendes Mittel zur Eroberung, Sicherung
oder Befestigung der Demokratie sein können. Die große Aufgabe
der Umwälzung der ganzen volkswirtschaftlichen Organisation
aber, die die Aufgabe des Sozialismus ist, wird hier nicht durch
eine kurzfristige Diktatur bewältigt werden können; die Diktatur kann hier nur den Boden sichern und befestigen, auf dem
die ökonomische Aufgabe des Sozialismus in jahrzehntelanger
demokratischer Arbeit zu bewältigen sein wird.

3.5 Deutsche Revolution

Z WISCHEN RUSSLAND UND ENGLAND steht Deutschland in der
Mitte. Das deutsche Volk hat sich nicht jetzt erst, wie das
russische, vom Feudalismus und Absolutismus befreit, aber es
hat auch nicht eine so lange Epoche der individuellen Freiheit,
des Parlamentarismus, der Demokratie hinter sich wie das englische. Der deutsche Sozialismus, unter anderen Bedingungen
entwickelt, trägt andere Charakterzüge als der russische Bolschewismus auf der einen, als die englische „industrielle Demokratie"
auf der anderen Seite. Und wird jetzt, da Krieg und Niederlagen
die wirtschaftlichen und politischen Daseinsbedingungen der
deutschen Nation völlig verändert haben, andere Charakterzüge
gewinnen, als die er von 1863 bis 1918 getragen hat. | 116
Es gibt Nationen, die ihr Schicksal zu einer revolutionären Rolle bestimmt. Eine solche Nation waren zum Beispiel mehr als
ein Jahrhundert lang die Polen. Denn das polnische Volk konnte
nicht anders befreit und gereinigt werden als durch den völligen
Zusammenbruch des in den Kongreßakten von 1815 festgelegten
europäischen Herrschaftssystems. Es mußte daher alle Nationen,
die sich gegen dieses Herrschaftssystem auflehnten, als seine Ver-
bündeten ansehen. Darum haben Polen mitgekämpft, wo immer
sich ein Volk gegen das Herrschaftssystem der Heiligen Allianz
empörte: in Wien wie in Berlin, in Paris wie in Neapel.

Der deutschen Nation hatte ihr Schicksal die entgegengesetzte Rolle zugeteilt. Wohl hatte die deutsche Demokratie des Vormärz gehofft, Deutschlands Einheit im revolutionären Kampfe, durch die Aufrichtung der gesamtdeutschen Republik auf den Trümmern der monarchischen Einzelstaaten, im Bunde mit den Freiheitskämpfern Italiens, Polens und Ungarns, mit französischen Republikanern und englischen Radikalen erobern zu können. Aber dieser Versuch ist gescheitert. Deutschlands Einheit ist begründet worden nicht durch die Revolution, sondern durch den Krieg; nicht durch die Barrikadenkämpfer der Demokratie, sondern durch die Soldaten des Königs von Preußen; nicht im Bunde mit den französischen Republikanern, sondern unter dem Schutze des Zarentums. Und das Herrschaftssystem, das so aufgerichtet wurde, setzte im Osten die Teilung Polens, im Westen die Annexion Elsaß-Lothringens, im Süden die Herrschaft der Deutschösterreicher über Slawen und Romanen voraus, deren Bajonette unter deutsches Kommando zu stellen die Bestimmung des österreichischen Stammes der Nation war. Die Wohlfahrt der Nation beruhte auf einem Herrschaftssystem, das durch die Gewalt begründet worden war, nur durch den waffenstrotzenden Militarismus aufrechterhalten werden konnte und auf der Vergewaltigung aller Nachbarvölker beruhte. War die Existenz der Nation auf ein konterrevolutionäres Herrschaftssystem gegründet, so mußte die Führung der Nation in den Händen ihrer konterrevolutionären Klassen und die Nation selbst eine Vormacht der Konterrevolution in der Welt bleiben.

Und diesem Dasein der Nation entsprach ihr Bewußtsein. Weil die Herrschaft, auf der ihre Wohlfahrt beruhte, nur durch den Krieg begründet werden konnte, glaubte sie an die schöpferische Allmacht der Gewalt. Wenn ihre Herrschaft und mit ihr auch ihre Wohlfahrt nur durch den waffenstrotzenden Militärstaat aufrechterhalten werden konnte, erkannte sie dem Staat das schrankenlose Recht über die Volkswirtschaft, über die Individuen und Gruppen zu. Weil nur die Dynastien, die Junker, die Generale die Reichseinheit, die Basis so gewaltigen wirtschaftli-

chen Aufstieges war, hatten schaffen können, unterwarf sie sich
auch geistig und freiwillig der Obrigkeit.

Aber dieses ganze Herrschaftssystem hat der Krieg zerstört.
Deutschland herrscht nicht mehr über seine Nachbarvölker, son-
dern es | hat deutsches Land an Nachbarvölker verloren. Seine 117
Wohlfahrt beruht nicht mehr auf seinem Herrschaftssystem, sie
ist vernichtet durch das Herrschaftssystem von Versailles. Aus
dem Zustand der Ohnmacht, der Zerstückelung, der Verelendung,
die französische und britische Imperialismus ihm auferlegt haben, kann es sich durch keinen Krieg mehr befreien; alle Möglichkeiten technischer Kriegsrüstung sind ihm genommen. Deutschland steht heute den Verträgen von 1919 gegenüber, wie Polen
den Verträgen von 1815 gegenübergestanden ist: seine einzige
Hoffnung ist die internationale Revolution, die das Herrschaftssystem des Imperialismus zerstört. Da die Zukunft der Nation
nur noch durch die internationale Revolution begründet werden
kann, fällt die Führung der Nation in die Hände ihrer einzigen
revolutionären Klasse, in die Hände des Proletariats, und die Nation selbst wird zu einer Vorhut der Weltrevolution. Das ist, ihr
selbst noch unbewußt, der geschichtliche Sinn der deutschen
Revolution.

Noch ringt die Nation darum, sich des Sinnes, des Zieles ihrer
Revolution bewußt zu werden. Und indem sich die Traditionen
der Vergangenheit mit den Ideen der Gegenwart vermengen, irrt
sie noch verhängnisvoll Unmöglichem nach.

Da träumen manche von der Allianz des preußischen Militarismus mit dem russischen Bolschewismus, Ludendorffs mit Lenin
zum Kriege gegen die Entente. Aber die Tollheit hieße, selbst
wenn sie nicht undenkbare Tollheit wäre, Deutschland nur zum
Kriegsschauplatz der Russen und der Franzosen machen, den
letzten Rest seines Wohlstands vernichten.

Da träumen andere von der kriegerischen Allianz einer deutschen Sowjetrepublik mit der russischen gegen die Entente. Aber
Deutschland ist nicht wie Rußland aus heimischer Ernte zu ernähren, nicht für Rußland durch Lage und Ausdehnung vor fremden

Heeren geschützt. Der Bolschewismus, der Deutschlands Produktionssystem zerrütten, Deutschland dem Hunger, dem Bürgerkrieg, der Invasion preisgeben würde, machte es, selbst im Bunde mit Rußland, nicht wehrhaft gegen den Westen.

Nein, nicht das kann die Aufgabe sein, den Krieg, der unter der schwarz-weiß-roten Fahne verloren worden ist, unter der roten Fahne von neuem aufzunehmen. Die deutsche Revolution hat eine andere, eine größere Aufgabe.

Die erste Voraussetzung der Erfüllung ihrer Aufgabe ist der vollständige, der restlose Bruch mit den Traditionen und den Ideen des Bismarckschen Zeitalters. Der Sozialismus kann aber die Nation von der Ideologie der Vergangenheit nicht befreien, ehe er nicht sich selbst völlig und restlos von ihr befreit hat. Das erfordert nicht nur die Emanzipation von allen Nachwirkungen jener geistigen Kapitulation vor der Ideologie des deutschen Herrschaftssystems der Ver- | gangenheit, die der eigentliche Inhalt der „Politik des 4. August" war. Das erfordert mehr! Wollen wir frei werden von dem Banne der Ideen, die das Erbe der ostelbischen Epoche in Deutschlands Geschichte sind, dann müssen wir uns befreien von dem Aberglauben an die Allmacht der Gewalt und an die Allgewalt des Staates. Dieser Befreiung steht heute der Bolschewismus im Wege. Denn zwischen dem borussischen Sozialismus der Lensch, Plenge, Spengler, die den preußischen Staat als die Vorstufe des Sozialismus, den Sozialismus als die Verwirklichung der preußischen Staatsidee feiern, und dem russischen Kommunismus besteht eine innere Verwandtschaft; hier wie dort ist es dasselbe Aberglaube an die selbständige Schöpferkraft der Wunder wirkenden Gewalt, hier wie dort dieselbe Hoffnung auf den allmächtigen, die Individuen in allen ihren Lebensbeziehungen sich unterwerfenden Staat, hier wie dort derselbe Wahn, die Allmacht einer herrschenden Minderheit könne und solle die gehorchende Masse zu höheren Lebensformen zwingen. Wir sind von der Ideologie des Preußentums nicht frei, solange wie die preußische Staatsidee nur in eine andere Sprache übersetzen, nur mit anderen Farben schmücken, nur einer anderen Klasse

118

dienstbar machen. Wir müssen dem Preußentum eine andere, ihm wirklich radikal entgegengesetzte Staatsidee entgegenstellen: einen Sozialismus, dessen Wurzel der Freiheitsdrang des Individuums, dessen Quelle die Selbtätigkeit der Masse, dessen Ziel das *selfgovernment* aller Werktätigen ist. Noch sieht keine der deutschen Arbeiterparteien diese Aufgabe: nicht die Rechtssozialisten, die von dem alten Borussentum nicht emanzipiert sind, und nicht die Unabhängigen und die Kommunisten, die der Versuchung des neuen Russentums erliegen. Nichts tut dem deutschen Sozialismus dringender not als ein Einschlag jener echten, aus individualistischer Wurzel entsprossenen Demokratie, die in dem englischen Gedanken des *industrial selfgovernment*, der sozialen Umgestaltung durch die Selbsttätigkeit und Selbsterziehung der Masse, ihre Verwirklichung sucht.

Nur wenn ein solcher Sozialismus die Ideenwelt des deutschen Volkes völlig umwälzt, den deutschen Geist völlig erneuert; wenn der revolutionären Befreiung von den Institutionen der Vergangenheit die revolutionäre Befreiung von den Ideen dieser Institutionen folgt; nur wenn so ein anderes, ein wirklich neues Deutschland entsteht, wird Deutschland frei von dem Erbe des Hasses der Völker, das die konterrevolutionäre Epoche seiner Geschichte ihm hinterlassen hat. Und nur in dem Maße, als ein solcher deutscher Sozialismus sich, allen Völkern des Westens in ihrem eigenen Geiste gemäßes Vorbild schaffend, in aufbauender Arbeit verwirklicht, gewinnt das deutsche Volk für sich die enthusiastischen Sympathien der Arbeiterklasse des Westens, gibt es durch die Propaganda schöpferischer Tat der proletarischen Revolution im Westen den mächtigsten Antrieb, erobert es sich die Bundesgenossen, mit denen allein es die Fesseln des westlichen Imperialismus brechen kann. | 119

Gewiß verknüpft Deutschland mit Rußland eine Gemeinschaft des Schicksals. Beide brauchen einander zum Aufbau ihrer Wirtschaft. Beide sind Opfer des Herrschaftssystems des westlichen Imperialismus. Diese Schicksalsgemeinschaft fordert eine Allianz der deutschen mit der russischen Revolution — eine Allianz

nicht zum Kriege gegen den Westen, sondern zur gegenseitigen
Unterstützung bei dem sozialistischen Aufbau. Aber diese Allianz
kann nicht gegründet werden auf die Gleichheit der Methoden
des Kampfes und der Herrschaft, sondern nur auf die Gleichheit
des Mutes, der Opferwilligkeit, des Enthusiasmus im Ringen nach
120   dem Sozialismus. |